AF452102

RÉFUTATION

DE

CANAL SAINT-LOUIS

PAR

l'Auteur de l'Essai sur l'amélioration

DU RHÔNE

AU POINT DE VUE DE SA NAVIGATION JUSQU'A LA MER

Nihil est turpius quàm cognitioni et perceptioni
assertionem approbationemque præcurrere. (Cic.)

TRADUCTION LIBRE

Qui n'entend qu'une cloche, n'entend qu'un son.

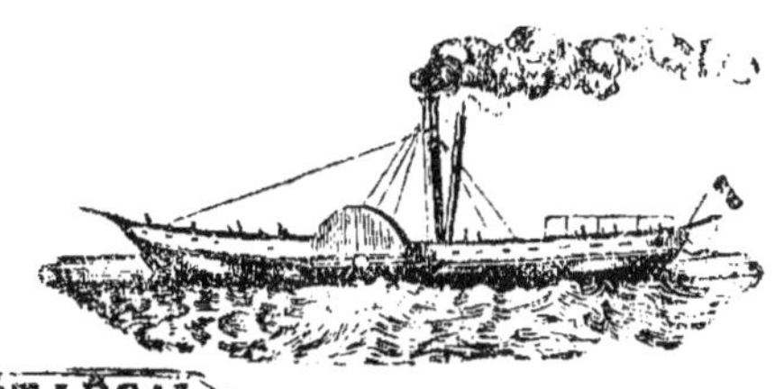

DÉPOT LÉGAL
Rhône
N° 216
1860

LYON

MARIUS CONCHON, LIBRAIRE

rue Impériale, 15.

1860.

Lyon.— Imp. de F. DUMOULIN, rue Saint-Pierre, 20

AVANT-PROPOS.

« Nous avons quelquefois en France une horreur du bon
« sens très-singulière, » a dit un grand écrivain, qui a trop souvent joint l'exemple à la leçon.

Au nombre des injures faites au bon sens par le peuple le plus
spirituel du monde, selon que le répètent tous les jours les écrivains les plus spirituels de ce peuple, *primi inter pares*, je citerai la coutume qui veut que l'homme qui adresse quelques
pages au public, ne parle qu'à la première personne du pluriel,
sous peine d'être accusé de vanité et de présomption.

Pourquoi cette règle? Nul ne le saurait dire.

Du moins ne pourrait-on la justifier qu'à l'aide de paradoxes
tirés de ce que le JE, le MOI sont trop personnels, trop impé-
ratifs.

Préjugé! routine! contre-sens! répondrai-je.

Que l'homme investi d'un emploi public, dépositaire d'une
portion de l'autorité souveraine, président ou secrétaire d'un
tribunal, d'une assemblée, d'une commission; que l'interprète
de la loi, le ministre de la religion, l'huissier, le garde-cham-
pêtre; que cet homme, dis-je, revêtu de ses insignes, parlant
en vertu des pouvoirs qui lui sont délégués au nom du corps
qu'il préside, etc., s'exprime à la première personne du pluriel :
« Nous mandons et ordonnons; nous avons examiné; nous pro-
« posons; nous avons dressé le présent procès-verbal, etc.; »
cela se comprend, cela est juste et raisonnable : il y a *collectivité*.

Mais qu'un individu, qui soutient une thèse, qui défend un
intérêt, qui émet une opinion, s'appuyât-il de toutes les citations

de l'ancien et du nouveau Testament, des Pandectes, de Montaigne ou de Bossuet, soit tenu de parler comme une puissance, comme une autorité, c'est ce que je ne comprends pas : il y a ici *individualité*. Dans ce cas, *nous* n'est qu'un masque.

Je préfère imiter Ch. Nodier, qui a dit :

« Quoiqu'il soit très-pénible et très-ennuyeux de parler de soi, je ne puis expliquer sans cela l'origine de ce volume. »

Ainsi ferai-je.

Donc, étant abonné à trois journaux et occupant mes loisirs à discuter avec moi-même le mérite des articles sur l'économie politique ou domestique, l'industrie, la navigation, le commerce international et le libre échange, j'arrivai à être scandalisé des platitudes, des erreurs, des non-sens et contre-sens qui s'impriment chaque jour sous la dictée de gens ayant la prétention de régenter le Ciel et la Terre, qui parlent de tout et sur tout comme les aveugles des couleurs, torturant sans pitié et avec un aplomb royal la vérité, le bon sens et la grammaire, et, par-dessus le marché, leurs abonnés.

La chose me fut en partie expliquée par un Premier-Lion (lisez Lyon), disant :

« *On ne se doute pas de l'effrayante quantité de communications ridicules, ineptes, insensées, qui sont adressées tout le long de l'an à un bureau de journal. Ce qu'un journaliste trouve dans sa boîte de folles réclames, d'avis stupides, de prétentions exorbitantes, de billevesées incroyables, confond l'imagination.* »

Je compris alors l'abondance de ces inepties, de ces billevesées, de ces articles stupides qui paraissent dans les journaux grands et petits. Evidemment, quelque habiles que soient les rédacteurs, ils ne peuvent suffire à la consommation.

J'en étais là de mes réflexions, lorsque les départements riverains du Rhône et de la Saône furent inondés d'un déluge d'articles, de lettres, de brochures de toutes formes et de tous styles :

qui sur la navigation , qui sur les inondations, qui sur un *Bas-port* aux embouchures , qui sur les tarifs différentiels . qui sur un nouveau chemin de fer d'Avignon à Marseille ; qui sur le port , la ville et le canal Saint-Louis , etc. , etc. Un cent et unième proposait de gazonner le Rhône et de garnir ses rives d'arbres de diverses essences d'un grand rapport. L'idée était trop riante pour ne pas faire sourire tout le monde. Un autre , mieux avisé, conseillait d'envoyer au loin et le Rhône et la Saône, à cette double fin de n'avoir plus d'inondations à craindre, et de vendre leurs lits à beaux deniers comptants. Le conseiller fut mandé à Saint-Étienne pour mettre à exécution sur le Furens un projet analogue, ayant l'approbation du docteur Akakias.

Un journaliste demandait que les quais fussent élevés de plusieurs mètres , de manière à enfermer dans un quadruple rempart les rivières d'un côté et la ville de l'autre. On fit apercevoir à M. l'ingénieur que c'était le sol de la ville qu'il fallait exhausser et qu'au lieu d'approuver l'abaissement de la rue Centrale en contre-bas de la rue Mercière et de construire le quai Fulchiron au niveau du ruisseau dit *Rue des Prêtres* , mieux eût valu tenir la rue Centrale au-dessus de la rue Mercière, et le quai Fulchiron de plein pied avec la rue Saint-George. Que les quais fussent-ils élevés jusqu'aux étoiles, n'empêcheraient ni les caves ni les rues d'être inondées par les infiltration et les canaux. Le même journaliste ne trouva rien de mieux pour sauver la navigation du Rhône, que de conseiller l'envoi de sa flotille sur le Danube. A quoi il lui fut répondu que son journal, venant à être ruiné par une cause quelconque, il trouverait peu généreux l'avis de transporter son office de publicité à Sébastopol.

La plume des fournisseurs ne courant pas assez vite, on eut recours aux anciennes élucubrations qui furent remises sous presse et multipliées par la vapeur. Cette pluie d'encre, plus ou moins chinoise, prit les proportions d'une catastrophe plus alarmante que les inondations qui venaient de ravager la moitié de l'Empire.

Je lisais consciencieusement mes trois journaux, convaincu que j'étais de leur savoir, de leur zèle pour le bien public autant que de leur bonne foi, car j'avais présente à la mémoire cette éloquente tirade de l'un d'eux :

« *Uniquement préoccupé de la vérité, nous nous sommes fait une loi d'accomplir notre tâche avec une indépendance et une abnégation qui n'ont jamais fléchi devant aucune considération de personne, devant aucun intérêt particulier.*

« *Quelques rares témoignages d'adhésion ont été jusqu'à ce jour notre seule récompense. Nous ne nous en plaignons pas ; ce qui nous arrive, arrive à presque tous les hommes qui refusent de prendre d'autre guide que leur conviction.* »

J'ai transcrit ces lignes avec d'autant plus de plaisir qu'elles peignent mieux ma situation dans ce débat. Je n'aurais qu'à y ajouter le concours des plus lâches calomnies.

Cependant je finis par reconnaître que ces Messieurs parlaient de ce qu'ils ne connaissaient pas, et que leur défaut d'expérience trahissait leurs bonnes intentions. Craignant, en outre, de voir le Rhône disparaître sous cette avalanche d'une si noire espèce, et moi-même submergé, j'eus la bêtise de vouloir tenir tête au torrent. C'est l'erreur d'un homme de cœur ; je prie ceux qui ne la comprennent pas de me la pardonner.

Je me figurai, dans ma simplicité native, que je ferais acte de bon citoyen en disant ce que j'avais vu, ce que de longs voyages m'avaient enseigné,

> Quiconque a beaucoup vu
> Peut avoir beaucoup retenu.

et j'écrivis, *con brio*, quelques pages dont voici le résumé :

C'est un singulier moyen d'améliorer les embouchures d'un fleuve qui a le défaut d'en avoir trop, que de lui en donner une de plus.

Cette proposition n'a de pendant que dans l'idée de créer un nouveau chemin de fer pour sauver la navigation ruinée par la concurrence d'un chemin de fer.

Les transports par eau sont meilleur marché que les transports par terre, et plus chers sur les canaux que sur les rivières; plus chers sur les rivières que sur la mer.

La ligne droite étant plus courte et plus sûre que la courbe, les chemins de fer, au point de vue de la sécurité et de l'économie, devraient être en ligne directe.

Les ponts étant des voies solides jetées sur des voies liquides, doivent être bâtis de façon à ce que les premières n'entravent pas les secondes.

Idées très-simples, qu'on n'ose pas énoncer tant elles sont vulgaires, mais qu'on serait quelquefois tenté de croire inconnues.

Mes conclusions étaient que la navigation du Rhône n'avait de salut que dans l'amélioration du fleuve jusqu'à la mer, sans chemin de fer ni canal; dans l'adoption d'un nouveau système de bateaux de deux à trois cents tonnes, propres à tenir la mer et pouvant remonter au moins jusqu'à Arles, pour éviter des retards, des frais inutiles et surtout des transbordements onéreux autant que nuisibles aux marchandises; que la Compagnie-Générale devait solliciter la concession des rivières favorables à son trafic.

La question ainsi réduite à sa plus simple expression, je crus qu'elle serait comprise par tout le monde et adoptée; que les adversaires allaient s'embrasser, et que la navigation ne tarderait pas à reprendre sa course à toute vapeur.

J'avais compté sans mon hôte.

Traité comme le voisin qui accourt pour séparer les époux qui se tiennent par les cheveux, le Chemin de fer et le Canal, dans la personne de leur rédacteur en chef, se sont rués sur moi. Celui-ci, s'érigeant en Zoïle, n'a rien trouvé de mieux, pour me maltraiter en sûreté de conscience, que de me prêter les erreurs de mes adversaires, en niant ou passant sous silence ce que je pouvais avoir dit de bon. Cette manière peut être très-habile, mais à coup sûr elle n'est pas honnête. Ayant vainement demandé et prié pour obtenir la rectification d'un jugement faux, je vais rétablir les choses dans leur vérité.

1° Mon critique dit, dès son début, que « *j'ai déclaré n'avoir aucune connaissance maritime.* (*Courrier de Lyon* du 10 décembre 1856).

C'est le sens tout contraire de mes expressions, puisque, page 27, j'engage les juges de la question à parcourir les embouchures du Rhône, à visiter tous nos ports de mer, à s'embarquer une trentaine de mois, ainsi que je l'ai fait, pour acquérir les connaissances maritimes qui leur manquent.

2° « *Les raisons pour lesquelles la brochure anonyme repousse l'embranchement proposé, n'ont rien de précisément nouveau ; c'est le danger de voir ce chemin direct de Marseille au Rhône servir de tête à une ligne allant directement de Paris à Marseille au travers des Cévennes.* »

Je n'ai rien dit de semblable : cette idée appartient à quelque solliciteur de chemin de fer, et est mentionnée à la page 38 de l'écrit intitulé : *le Canal Saint-Louis et le port du Bas-Rhône.*

Des expressions de mon critique, il ressort que le chemin de Marseille à Arles n'est pas le chemin direct de Marseille au Rhône ; je lui laisse la responsabilité de la bévue.

Quant au défaut de nouveauté des moyens que j'ai proposés pour sauver la navigation, c'est M. le rédacteur en chef du *Courrier* qui se chargera de la réplique.

En effet, dans sa feuille du 20 mai 1857, il dit :

« *L'idée fondamentale que nous avons mise en avant, et sur laquelle nous nous proposons de revenir, c'est la création d'un matériel également propre à naviguer sur les fleuves et sur la mer.* »

Je suis obligé de faire observer à mon critique que le paon

se pare ici des plumes du geai. Car cette idée, née chez moi depuis longtemps, émise dans ma lettre du 12 septembre 1856 (*Courrier de Lyon* du 20), a été développée nettement à la page 29 de la brochure anonyme. Voici comment je m'exprime :

« Que devra faire la Compagnie-Générale de navigation? Bâtir des vapeurs de deux à trois cents tonnes de charge utile, auxquels il est facile de ne faire caler que deux mètres, et qui iront à Marseille, à Cette ou ailleurs, charger pour Arles, Avignon ou Lyon, où ils pourront remonter d'un trait. J'affirme que dans ces conditions, qui paraîtront mesquines à côté de celles promises par les partisans du fabuleux canal Saint-Louis, la navigation du Rhône acquerra bientôt un développement tel que les rails du chemin de la Méditerranée pourront rougir de rouille.

« Il est incontestable que la superiorité de la navigation est aux chemins de fer comme le transport par l'ancien roulage est supérieur au transport à dos de mulet. »

Aujourd'hui, 1er mars 1860, je n'ai pas à retrancher un mot de ce que j'écrivais en octobre 1856. J'ai seulement acquis la certitude que, depuis la critique qu'il en a faite, M. le rédacteur du *Courrier* avait lu ma brochure, puisqu'il avait eu la bonté de s'approprier son idée principale.

Etranger au journalisme, j'ignore jusqu'à quel point il est permis de faire, dans une feuille quotidienne, la critique ridiculement fausse d'une brochure traitant une question d'intérêt public. Si l'ESSAI SUR L'AMÉLIORATION DU RHÔNE ne convenait pas au *Courrier de Lyon*, il n'avait qu'à le passer sous silence, ainsi que l'a fait le *Salut Public*.

Au lieu de m'attribuer les billevesées des autres, il avait un moyen plus simple de m'éreinter, c'était de citer les plus sots passages de mon écrit.

M. le Rédacteur en chef du *Courrier* traite de *cavalière* la manière dont je m'exprime au sujet de quelques travaux et sur les académiciens qui les ont dirigés. J'ai cru et je crois encore qu'il serait à souhaiter qu'au lieu de louer maladroitement et sans choix tout ce qui se fait, mieux serait de laisser arriver aux oreilles de l'autorité quelques sages avis, non pas seulement consciencieux, mais justes, sensés et non dictés par l'intérêt particulier ou l'ignorance. Nous aurions alors moins de rues à redresser ou à élargir, moins de quais et de ponts à exhausser ou à rectifier, etc., et notre budget ne s'en porterait pas plus mal. Tout le monde répète ces choses tout bas, personne n'ose les dire à haute voix. Les exemples sont si nombreux qu'il est superflu d'en citer.

Revenant sur l'expression *cavalière* de mon critique, j'aurai l'honneur de lui faire observer qu'il voit la paille dans mon œil et non les poutres qui traversent ses yeux et ceux de ses amis. Si je n'avais appris à mes dépens combien la passion, l'intérêt, l'amour-propre troublent la raison de l'homme, le langage de M. le Rédacteur me l'aurait enseigné. Si j'avais eu une tribune d'où je pusse répondre, en faisant payer mes impertinences à mes abonnés, il est probable qu'on eût pris moins de liberté à mon égard. Honteux, confus, dévoré de regrets, je courberais le front sous un blâme bien mérité, si j'eusse menti, injurié ou fait mentir quelqu'un ; si j'avais dénaturé les paroles ou le sens des paroles des promoteurs du canal Saint-Louis ou du projet de chemin de fer de Marseille à Avignon. Me suis-je permis de dire à ces Messieurs « qu'*ils pourraient mieux connaître les choses dont ils parlent?* (1) » Ai-je dit aux partisans du canal Saint-Louis :

-----

(1) Comme je tiens à convaincre le lecteur, je cite :

« *Quant à la pensée de faire du canal de Bouc, avec ses 48 kilomètres* « *de développement, ses écluses, ses ponts, et sa section taillée dans le roc,* « *un canal de grande navigation maritime, elle prouve une fois de plus que* « *M. le président, etc. pourrait mieux connaître les sujets desquels il parle.* Lettre du 24 septembre 1836, *Salut Public* du 28 septembre.)

« *Qu'ils étaient une masse ignorante, passionnée, routinière, défiante, imbue d'erreurs et de préjugés, qui ne veut rien entendre de ce qui pourrait jeter une perturbation momentanée dans les habitudes du moment, qui domine tout de son despotisme inintelligent, et repousse la lumière avec d'autant plus d'opiniâtreté que l'on fait de plus grands efforts pour la lui montrer.* » (*Courrier de Lyon* du 19 décembre 1847, article répété et commenté dans le *Salut public* du 18 octobre 1856).

Voilà pourtant les aménités qu'adresse aux défenseurs de 'amélioration de la barre du Rhône, c'est-à-dire aux habitants d'Arles et à ses édiles, l'écrivain qui m'accuse d'avoir le ton cavalier!

Les personnes qui ont pris la peine de me lire conviendront

D'abord, il est évident que M. le président, etc., n'a jamais prétendu faire du canal de Bouc, un canal de grande navigation maritime. Cette grande idée ne peut appartenir qu'à quelque promoteur du canal Saint-Louis. Pour le reste du monde, les canaux de grande navigation s'appellent : la Manche, St-Georges, Bristol, Bahama, Mozambique, etc. ; auxquels noms on pourra ajouter bientôt, il faut l'espérer, et dans un autre ordre, Suez et l'anama. La grande navigation ne saurait se contenter d'un canal de 40 à 60 mètres de largeur sur 4 à 6 mètres de profondeur, même avec une seule écluse.

En second lieu, je prierai très-humblement l'auteur du passage transcrit, d'aller voir le canal de la Durance, le plus grand nombre des tunnels des voies ferrées, de visiter le nouveau bassin de Cherbourg, de demander aux Montricher, Stephenson, Brunnel et autres ingénieurs non moins éminents, s'il n'est pas préférable, en général, d'avoir à faire de semblables travaux dans le roc que dans des terrains sans consistance.

Il est probable que Brunel, sous la Tamise, l'ingénieur du chemin de fer de Vierzon, (je crois) pour le grand tunnel qui traverse une montagne de sable, auraient préféré avoir à faire au roc de Bouc.

Il n'est nullement besoin d'être ingénieur et encore moins journaliste pour comprendre qu'un canal creusé dans le roc sera, sous tous les rapports, et notamment pour la navigation à vapeur par bâtiments à aubes, dans de meilleures conditions que celui bâti en enrochements et en maçonnerie sur un terrain mouvant ou d'alluvion. De plus, plusieurs ingénieurs en tête desquels il faut placer Vauban, ont émis une opinion favorable au canal de Bouc.

que j'ai employé de meilleures formes pour convaincre les partisans du canal Saint-Louis de leurs erreurs. On admettra sans
doute que les défenseurs de la barre étaient mieux fondés à re-
procher à leurs adversaires d'avoir

« ..... *produit des assertions diamétralement opposées à la
vérité.* » (lettre du 11 octobre 1856).

Comme celle-ci, par exemple :

« *Il faut considérer que le Rhône charrie, dans certaines
crues, des masses de limon qu'on évalue jusqu'à cinq millions
de mètres cubes par vingt-quatre heures............* » (lettre
du 22 octobre 1856).

M. le Rédacteur en chef du *Courrier* avait cela sous les yeux;
c'est la brochure *Le canal Saint-Louis et le port du Bas-Rhône*,
qu'il élève aux nues pour m'écraser de son dédain, qui répète
cette énormité je ne sais combien de fois imprimée. C'est en toute
lettres : CINQ MILLIONS DE MÈTRES CUBES *de limon en
vingt-quatre heures !!!!!*

C'est fabuleux, n'est-ce pas, Messieurs ?

A ce compte-là, la France ne tardera pas à être reliée à l'Al-
gérie par un chemin bâti des alluvions du Rhône.

Et voilà les fables à l'aide desquelles on recrute des partisans
au canal Saint-Louis, qui se trouve, par le fait de ces coups de
grosse-caisse, longuement répétés par d'autres caisses, comme
par un écho sans fin, élevé à la hauteur de l'eau de Lob et du
thé de Suisse.

Au nombre des plus vigoureux arguments produits et com-
mentés dans la brochure qui a mérité les chaudes sympathies de
M. le Rédacteur en chef du *Courrier*, en voici un que mon
impartialité ne me permet pas de passer sous silence :

« *Enfin, ce qui est infiniment plus grave, et ce qui tranche
absolument la question en faveur des vœux émis pour l'exécution du canal Saint-Louis par les grands corps délibérants du
Rhône et de Lyon, c'est que l'amélioration de l'embouchure du*

fleuve, au moyen de travaux d'endiguement pratiqués dans son lit, est, comme tous les ouvrages de cette nature, une œuvre d'ART nécessairement précaire, et ce qui exclut toute idée de régularité. . . . .

. . . ., etc. (Page 23).

La phrase étant beaucoup trop longue pour être copiée en entier, je m'arrête à sa partie principale :

« *L'endiguement du Rhône est une œuvre d'art, nécessairement précaire,* » d'où il suit que le canal Saint-Louis n'est pas une œuvre d'art.

C'est tout ce que je voulais prouver au lecteur ; mais, par compensation, j'ajouterai que la brochure en question est certainement une œuvre d'art.

Dans une série d'articles sur la navigation fluviale et sur le commerce de la France et de la Chine, j'ai reconnu combien Messieurs les journalistes perdaient de temps, d'encre et de papier à disserter sur des matières qui leur sont étrangères.

Dans un cinquième article (du 7 mai 1857) : *de l'Avenir de la navigation fluviale,* M. le rédacteur du *Courrier* se pose cette question :

« *Cette disposition particulière de l'architecture nautique* (la profondeur que les ingénieurs maritimes ont donnée jusqu'à ce jour à la carène de leurs navires) *est-elle une nécessité absolue dont on ne puisse s'affranchir sans inconvénient et sans danger ; ou bien est-ce une condition inhérente à la navigation à voiles ? Cette profondeur de carène ne devient-elle pas* (pour la navigation à vapeur) *une superfétation plus embarrassante qu'utile ? N'y aurait-il pas profit sans inconvénient à reporter, sur la longueur et même sur la largeur, la capacité que les constructeurs cherchent maintenant à se procurer dans un sens vertical ?* »

M. le Rédacteur, qui trouve étonnant que, n'étant pas ingénieur, je me permette de critiquer les travaux de Messieurs les ingénieurs, et que j'émette, en faveur de l'amélioration des embouchures du Rhône, un avis contraire à celui des partisans du canal Saint-Louis, qui ne sont pas plus ingénieurs que moi, voudra bien avoir la complaisance d'expliquer en vertu de quel droit il parle marine et constructions maritimes. Son titre cependant ne lui a pas donné la science infuse, puisqu'il hésite sur une question résolue depuis des siècles ; hélas ! oui, Monsieur, depuis des siècles ! Et mon savant critique peut se convaincre que mes assertions sont plus vraies que celles des auteurs du canal Saint-Louis, en faisant une tournée dans les ports de Rotterdam, d'Amsterdam, etc. Il verra là des centaines de navires à voiles, de deux à trois cents tonnes, qui ne calent pas plus de deux à trois mètres, peut-être moins, bâtis à cette fin de pouvoir naviguer à pleine charge dans les canaux qui relient presque tous les ports de la Hollande, et il verra que ces navires sont pourvus sur leurs côtés d'ailerons mobiles pour obvier à leur défaut de quille.

Pour répondre au défaut de nouveauté des moyens que j'ai indiqués pour sauver la navigation, je me permettrai encore de faire observer à mon savant critique, qu'en outre des bateaux d'une moindre force, auxquels on revient, MM. E. Plasson et Cie, nonobstant le superbe dédain avec lequel ils accueillirent, avant de m'être fait imprimer, l'idée qui sert de conclusion à ma brochure, se la sont cependant appropriée dans son entier. Car, dans le *Courrier de Lyon* du 7 septembre 1857, je vois une pétition de la Compagnie-Générale de navigation du Rhône, adressée à S. E. le ministre de l'intérieur, demandant la concession du Rhône, de la Saône et des canaux jusqu'au Rhin, etc., qui n'est que la reproduction du projet formulé aux pages 29 et 30 de mon écrit.

Sans doute, ces Messieurs disent aujourd'hui comme M. le Rédacteur du *Courrier* :

« L'idée fondamentale que nous avons mise en avant........ »

Je ne suis plus étonné des efforts de nos Bathyllus pour
étouffer ce pauvre *Essai sur l'amélioration du Rhône, au point
de vue de sa navigation jusqu'à la mer.*

> Sic vos non vobis.......
>
> (Si tantum parva licet componere magnis.)

est une vérité de tous les temps. Je suis très-heureux qu'on
utilise une conception que le hasard a pu m'inspirer ; je ne l'ai
pas émise à autre fin. Mais encore ne faut-il pas me maltraiter
pour un tort aussi léger.

Un mot maintenant sur les savants articles qui ont paru
dans le *Salut Public*, à la fin de décembre 1859, sous le titre
de *Commerce de la France et de la Chine.*

Je commencerai par faire observer à Messieurs les journalistes qui traitent des questions relatives au commerce international et transocéanique, qu'il y a danger pour les intérêts qu'ils
prétendent servir, d'émettre des théories hasardées et non basées
sur la pratique. C'est sans doute à la suite d'un article de cette
nature qu'un marchand parisien porta au Brésil une pacotille
de patins et de pantoufles fourrées, et se trouva ruiné du coup,
ne pouvant même payer son passage de retour.

En disant :

« *L'une de ces banques anglaises, abusant de sa suprématie,
a récemment décidé, pour l'année 1859, que ses succursales
n'accepteraient que les traites ayant pour cause des soies char-
gées sur un navire anglais.* »

Et un peu plus loin :

« *Les banques anglaises ont carrément refusé l'escompte de
tout papier tiré en France (sic) et payable en francs. Elles
n'admettent que les traites tirées en livres sterling et payables
à Londres. Elles ont tendu le despotisme de leurs ressorts (sic)
jusqu'à exiger des polices d'assurance souscrites par des compagnies anglaises, ce qui, dans le cas d'avaries, occasionne*

aux commissionnaires français des frais considérables, des retards et des circuits infinis, etc., etc. »

Et encore :

« *De là un préjudice des plus onéreux pour le commerce français, qui est réduit à supporter les pertes qu'entraînent le change, l'agio, les commissions de banque.* »

Et ceci :

« *Vous n'ignorez point qu'en Chine, le commerce français est dépourvu de toute institution de crédit.* »

En s'exprimant de la sorte, l'auteur des lettres sur le commerce de la Chine prouve péremptoirement qu'il ne connaît pas la manière dont ces affaires se traitent. Comme de pareilles instructions données de haut pourraient induire quelques-uns de nos compatriotes dans de préjudiciables erreurs, on me permettra de les contredire.

D'abord, je ferai observer que les mots : Banques, Institution de crédit, Escompte, Agio, sont vides de sens dans l'espèce ; ils sont sans application et n'ont point de raison d'être. Toutes les opérations entre la Chine et l'Angleterre, comme entre l'Amérique et l'Europe, sont affaires d'échange et de change. Ce dernier est variable selon qu'il y a plus de tireurs ou de preneurs, et que les chargements de retour dépassent plus ou moins la valeur des chargements importés ; ou que les ordres d'Europe pour l'achat du thé, des soies, du café, sont plus ou moins considérables. Si ces ordres sont nombreux, le change monte ; s'ils sont rares, il baisse, c'est-à-dire que le preneur aura plus de livres sterling ou de francs, dans le premier cas, et moins dans le second, pour la même somme chinoise ou américaine. Il n'y a là ni intérêt, ni escompte, ni agio. Il n'y a non plus ni banques, ni institutions de crédit, et par conséquent pas de banquiers ; car ces mots impliquent trafic en billets de banque, espèces et effets de commerce, ce qui n'est pas. Là, c'est la marchandise d'importation

et d'exportation qui est en jeu, qui commande. Les lingots d'or
et d'argent font la balance.

Il y a donc un non-sens inconcevable à dire : « Il importe
« que la France se ravise au plus tôt pour sortir de ce servage,
« et qu'elle s'occupe de créer dans l'Indo-Chine des banques
« indépendantes et de nombreuses succursales vigoureusement
« constituées, qui escomptent à bureau ouvert son propre
« papier de commerce et de crédit. » (*Salut Public* du 30 dé-
« cembre 1859).

Sunt verba et voces, prætereaque nihil.

La Banque de France est, certes, un établissement de crédit
de premier ordre ; son papier vaut de l'or. Eh bien ! que M. le
correspondant du *Salut Public* porte en Chine, en Australie,
en Amérique, une cargaison de billets de cette INSTITUTION DE
CRÉDIT, pour me servir de ses expressions, et il verra combien
de kilogrammes de thé, de soie, de café, il obtiendra contre le
représentatif d'une si grande valeur ici.

En réponse aux assertions de M. le correspondant du *Salut
Public*, je lui poserai ces questions :

1° Le Français dont on a refusé les traites était-il porteur
d'une lettre de crédit de Baring, de Hottinguer, ou d'un Roths-
child quelconque ? Était-il établi depuis plusieurs années ?
Avait-il un magasin bien garni ?

2° Cet Anglais ou ces banques anglaises, comme dit le *Salut
Public*, qui prend sans doute tous les magasins pour des Banques, avait-il l'emploi du papier sur France ? Ne lui convenait-il
pas mieux de prendre des lettres sur Londres pour payer son
commissionnaire de Manchester ? A-t-il fait autre chose qu'imiter la Banque de France qui n'accepte pas de papier sur Brin-
das ou Chaponost ?

3° Admettant les plus iniques suppositions dans les intentions
et les motifs de l'Anglais ou des banques anglaises, n'est-ce pas

un acte de très-loyale guerre — car le commerce est vraiment une guerre plus ou moins pacifique, — de gêner, d'entraver un concurrent qui peut vous nuire?

En outre, comme la confiance ne se commande pas, de quel droit voudrez-vous m'imposer la forme, l'échéance d'un prêt que vous sollicitez? le notaire qui doit passer l'acte? Nous ne sommes pas d'accord, adieu. Vous allez chercher ailleurs et je garde mon argent. Me traiterez-vous de coquin? d'homme déloyal?

Puisque le correspondant du *Salut Public* conseille, avec tant d'assurance, de créer dans l'Indo-Chine des BANQUES INDÉPENDANTES ET DE NOMBREUSES SUCCURSALES VIGOUREUSEMENT ORGANISÉES, c'est que sans doute il sait que partout où le commerce français prospère, dans les deux Amériques, par exemple, il y a des banques et des institutions de crédit, dans le sens qu'il attache à ces mots, qui ont aidé à développer et qui assurent la prospérité toujours croissante de nos relations commerciales, et que ces banques lui serviront de modèles pour celles à créer. Alors je le prierai très-humblement de m'en indiquer une, une seule, n'importe où ; et je m'empresserai de concourir, de tous mes vœux, à fonder de pareils établissements en Chine et en Cochinchine. Mais s'il ne parvient pas à en découvrir une quelque part, il faudra qu'il reconnaisse que le commerce international maritime est une science de pratique, dont on ne peut raisonner sans l'avoir apprise, sous peine d'en parler *ab hoc* et *ab hâc*. Chacun peut divaguer au coin du feu, sur la lune et les étoiles : il n'y a danger ni pour la religion ni pour la fortune publique. Il ne peut en être de même du commerce transatlantique (1). Le professeur d'économie politique doit baser ses leçons

---

(1) L'avortement des paquebots transatlantiques me servira d'exemple pour démontrer le danger de prêcher des théories hasardées sur des matières d'un grand intérêt commercial. Contrairement aux doctrines du journalisme

sur des faits et n'en déduire que des conséquences justes, sous peine de voir ses élèves prendre des vessies pour des lanternes, ainsi qu'il est advenu pour le canal Saint-Louis.

Cette conclusion était le but de cette longue digression.

---

en général, et du *Constitutionnel*, en particulier, qui demandaient que ces services fussent partagés entre nos principaux ports de commerce, je réclame l'honneur d'avoir émis ce principe (*Journal du Havre* du 9 juin 1847): que si les paquebots doivent être confiés à des compagnies, leur port d'attache doit être le Havre; que si l'État veut s'en réserver l'exploitation, dans un double but, Brest, et mieux Cherbourg, doit être leur port d'armement.

Je soutiens l'impossibilité de toute autre combinaison, si ce n'est au moyen de sacrifices désastreux.

Jusqu'à ce jour les faits m'ont donné raison. On verra la suite.

INTRODUCTION.

Expérience vaut science.

Il est à croire que la plupart des personnes appelées à discuter les propositions relatives à l'amélioration des embouchures du Rhône, et qui par cela même devraient savoir par cœur l'ouvrage de M. Surell, ne le connaissent que par les passages cités et torturés dans leurs conséquences par les promoteurs du canal Saint-Louis. Aussi pensé-je avoir eu raison de dire qu'il ne faut pas accepter comme preuve infaillible de l'excellence d'un projet, les adhésions de quelques conseils-généraux, municipaux ou chambres de commerce, non plus que les pétitions en sa faveur.

On ne sait que trop à quel point les intérêts, les passions et les préjugés oblitèrent le jugement des hommes pris individuellement, aussi bien que des corporations politiques, religieuses ou industrielles. Il suffit d'un orateur influent, ayant intérêt à dissimuler la vérité, à présenter les faits sous un jour faux, pour décider l'adoption d'une mesure, d'un projet que les votants ne connaissent souvent que par des rapports plus ou moins judicieux.

En guise d'exemples je ferai observer qu'il n'y a pas une de ces mesures, pas un de ces projets qui ne soit le sujet d'adhésions, de pétitions et de votes opposés. En matière de grande administration, ces votes, ces délibérations sont pièces au procès.

Le Gouvernement, qui voit les choses de haut, à qui tous les renseignements arrivent, juge et décide.

Mais si le Gouvernement lui-même est circonvenu ; si ses propres agents lui cachent la vérité; si les journaux, qui doivent servir de flambeau à l'opinion, se liguent pour l'égarer; si, au lieu de défendre l'intérêt public, ils se livrent à l'intérêt privé; s'ils dénaturent les faits et refusent d'admettre tout ce qui est en opposition au parti qu'ils ont adopté, à propos d'un projet d'utilité publique — je laisse de côté ce qui touche à la politique; — si au lieu d'éclairer la discussion, ils l'étouffent; si, en un mot, ils mettent la lumière sous le boisseau; c'est là un malheur qu'on ne saurait trop déplorer, et un abus contre lequel tous les hommes de cœur doivent protester. Ces journaux manquent à la première condition de leur existence.

Entre mille, prenons pour exemple l'amélioration du Rhône.

Tant qu'il ne s'est agi que de nous abriter contre les inondations, chacun a pu produire son rêve; et quels rêves! Le journalisme a tout accepté, tout publié : bon, mauvais et détestable.

Pourquoi donc a-t-il tenu une conduite opposée dans la question non moins importante des embouchures du Rhône? Ah! c'est qu'à côté de l'intérêt public, il y avait un intérêt privé, ardent, persévérant, avec lequel il a pactisé, pour lequel il s'est passionné. Aussi qu'est-il arrivé? c'est qu'à part quelques lettres en faveur d'un projet mort-né de chemin-de-fer, qu'on a accueillies à la considération des patrons, pour se donner une apparence d'impartialité, mais en réalité pour faire ombre au magnifique tableau ayant nom CANAL SAINT-LOUIS, rien ou peu de ce qui pouvait éclairer l'opinion n'a été admis.

Ayant vainement tenté, à l'occasion d'un autre projet, non moins malheureux que ce canal, de faire admettre dans nos journaux quelques réclamations en faveur de l'amélioration de la barre, je me décide à publier cette dernière étude, protestation, compilation, élucubration : on l'appellera comme on voudra.

Si elle ne réussit pas à faire triompher la cause que je défends,

J'aurai du moins l'honneur de l'avoir entrepris.

Et si, par malheur, le canal Saint-Louis venait à être exécuté,
j'ai la prétention de croire que, cinq ans, dix ans au plus après
son achèvement, lorsqu'on aura reconnu sa complète inutilité,
qu'il sera transformé en un they solide, ce faible écrit sera cité
en témoignage de l'aveuglement de ce temps et de la justesse de
mes aperçus.

RÉFUTATION

DE CE QUI A ÉTÉ DIT EN FAVEUR

DU

CANAL SAINT-LOUIS.

Etiamsi omnes, ego non.

Puisant ma hardiesse dans le patriotisme le plus désintéressé, dans une étude spéciale de la question et d'un ouvrage qui la traite scientifiquement, dans une connaissance pratique des choses de la mer et des rivières, et dans la conviction que je défends les vrais intérêts publics sous les rapports de l'agriculture, du commerce intérieur et extérieur, — notamment au point de vue du transit, — du bien-être des populations riveraines du Rhône et de la Saône, et particulièrement de la prospérité de Lyon, comme grand centre manufacturier et d'entrepôt, je vais tâcher de faire pénétrer la lumière où des intérêts privés, soutenus avec ardeur, encouragés par la complicité de la presse périodique, sont parvenus à accumuler les ténèbres.

On a dit et redit, imprimé et réimprimé, publié et republié si souvent et de tant de façons, par brochures, lettres et articles de journaux grands et petits, quotidiens et hebdomadaires, articles répétés à satiété aux époques favorables, c'est-à-dire au temps des comices :

Qu'il était impossible de rendre la barre du Rhône praticable;

Que tous les efforts tentés dans ce sens, depuis la création du monde, avaient été vains;

Que le canal Saint-Louis était le seul moyen de sauver la navigation fluviale;

Que, par ce canal, des bâtiments de trois mille tonnes arriveraient dans le Rhône avec une facilité merveilleuse, qui... que. . etc.

Les écrivains, journalistes et autres, qui ont raisonné ou déraisonné, à qui mieux mieux, de barre, d'embouchure et de canal, ont si bien faussé la portée et les conclusions du mémoire de M. A. Surell, que tout le monde a voté, les yeux fermés, et signé de confiance toutes les pétitions et mesures favorables à la création du canal Saint-Louis.

L'aveuglement et la partialité ont été tels, qu'on n'a voulu reconnaître d'incapacité que chez le défenseur de l'affranchissement de la barre, dont on n'a pu, toutefois, combattre l'argumentation que par le silence. Cependant l'incompétence des promoteurs du canal Saint-Louis ressortait assez de leurs écrits.

L'un, emporté par un zèle inconsidéré, à propos de ville et de port à bâtir dans le *Bas-Rhône*, ne trouve pas d'autre expression que celle de *Bas-port*. Et la presse locale reproduit avec éloge de pareilles choses!!!

L'autre, puisant ses connaissances nautiques dans sa brillante imagination, propose tour-à-tour, selon les besoins de son argumentation, un canal de *quatre* mètres, de *huit* mètres et de *six* mètres de profondeur. Cette confusion dans les termes, cette incertitude dans les plans, ne prouvent-elles pas le défaut d'étude et de connaissance de la question que ces messieurs ont la prétention de résoudre du ton le plus doctoral.

Écoutons là-dessus M. le Rédacteur du *Courrier* : « Quant au « canal Saint-Louis, la tâche que nous avons à remplir vis-« à-vis de l'auteur de la brochure citée plus haut (*Le canal* « *Saint-Louis et le port du Bas-Rhône*), nous est facilitée par le « travail même de M. Hippolyte Peut qui nous fournirait, s'il « en était besoin, les arguments les plus décisifs à l'appui de « ce système. » (10 décembre 1856).

Voilà qui est concluant. Votez, messieurs les juges : la cause est entendue.

Cependant pour mettre mieux en évidence le mérite et le jugement des défenseurs du projet du canal Saint-Louis, on voudra bien remarquer que ces Messieurs, à l'exemple du *Courrier* (*voir* page 8), et de MM. E. Plasson et Cie (*voir* page 14), n'ont pas négligé de mettre à profit ce que j'ai dit dans mon *Essai sur l'amélioration du Rhône, etc.* traité si cavalièrement par M. le Rédacteur en chef du *Courrier*. C'est vaincus par mon irréfutable démonstration : qu'il est absurde de faire déboucher un canal de *huit* mètres dans un bassin de *six* mètres de profondeur, sous peine d'être obligé de creuser et de prolonger les jetées en pleine mer, que les auteurs de ce merveilleux canal ont adopté une moyenne entre quatre et huit.

J'ai dit absurde ; c'est peut-être la raison pour laquelle ce projet a trouvé tant de partisans : *Quia absurdum*, comme on dit à l'école.

Pour dessiller les yeux des personnes qui désirent voir, je vais transcrire tous les passages du mémoire de M. Surell, ayant trait à l'amélioration des bouches du Rhône, soit par l'abaissement du niveau de la barre, au moyen de l'endiguement du fleuve jusqu'à la mer, soit par la construction d'une embouchure factice, sous la dénomination de *Canal Saint-Louis*, partant de la tour de ce nom et aboutissant au milieu du golfe de Foz.

Mais avant, il faut convaincre le lecteur de la supériorité économique de la voie fluviale sur toute espèce de canal. Suivant l'auteur des *Réformes à opérer dans l'exploitation des chemins de fer*, les prix des transports sont :

Sur la Saône de 2 centimes 57 (p. 28),

Sur le Rhône de 3   »   07 (p. 32),

Sur les canaux de 6   »   (p. 41),   en commune,

dont 2 centimes 58 de droits, aussi en commune, sur nos divers canaux.

De ces chiffres, dont personne n'a contesté ou ne contestera l'exactitude, sauf les petites différences qui ont pu y être apportées par une baisse ou une hausse du fret, ou une modification dans les droits, il résulte que la navigation par canal est le double plus chère que par la voie fluviale; d'où je conclus que c'est un contre-sens flagrant de vouloir établir un canal dans les conditions les plus problématiques sous les rapports de la dépense et de la réussite, alors qu'on a un fleuve pouvant satisfaire à toutes les exigences des services requis.

EXTRAITS

DU

Mémoire sur l'amélioration des embouchures du Rhône

Par M. A. SURELL, ingénieur du service spécial du Rhône.
De l'imprimerie Ballivet et Fabre, rue de l'Hôtel-de-Ville, 11,
à Nîmes, 1847.

1 « Sur l'ordre du Roi, Mitton, intendant de la marine à Toulon, vint sur les lieux en 1725, ... et fit prolonger les digues déjà commencées pour concentrer le Rhône dans son nouveau lit. » (page 7).

2 « . . . . D'autres ingénieurs (contrairement à Vauban, Bélidor, Pollard, qui opinaient pour le canal de Bouc) proposaient d'améliorer directement les passes. Tel fut le projet présenté par l'ingénieur Beaujeu. — En 1778 l'Académie de Marseille mit au concours la question suivante : « Quels sont les moyens les « plus propres à vaincre les obstacles que le Rhône oppose au cabotage, « entre Arles et Marseille ? » Lalauzière, premier consul d'Arles, gagna le prix. Il propose des barrages aux embouchures et développe avec force tous les avantages qui résulteraient de l'amélioration directe du fleuve. » (page 9).

3. « La ville d'Arles soutenait qu'un grand fleuve doit être préféré à un petit canal où les frais seraient beaucoup plus considérables. » (page 8).

4. « Marmillot, ingénieur en chef du Dauphiné, qui visita le Rhône en 1784, avec une commission de la ville d'Arles, émit la même opinion. » (page 9.)

5. « En 1790, Remillat, ingénieur en chef du Languedoc,.... reproduisit le projet de Marmillot avec quelques modifications. Son projet fut approuvé par le conseil des Ponts-et-Chaussées, et son mémoire imprimé par ordre de l'Assemblée Nationale. Un décret de la même Assemblée du 1er juin 1791, ordonna d'ouvrir les travaux. Mais les troubles du temps ne permirent pas de donner suite au décret. » (pages 9 et 10).

6. « MM. Clair et Boulouvard ont ramené l'attention publique sur la possibilité d'effectuer l'amélioration directe et sur les avantages qui en découleraient. » 1844 (page 12).

7. « Une décision ministérielle du 14 décembre 1843, nomma une commission de huit membres, pris dans la localité.

« Cette commission donne hautement la préférence au projet des embouchures, dont elle considère la réussite comme certaine. » (page 12).

8. « M. l'ingénieur en chef Poulle a présenté à la commission instituée en 1843 pour étudier la question des embouchures, une note proposant de resserrer le lit de la rivière entre deux digues parallèles établies sur une longueur de 7,000 mètres à partir des enrochements de la tour Saint-Louis et poussées dans la mer au delà de la barre jusqu'à une profondeur de cinq à six mètres. La largeur du fleuve serait de 300 mètres.

« Chaque année, ces digues devraient être prolongées moyennement de 10 mètres dans la mer, dans un fond d'eau de 8 mètres.

« Avec des travaux ainsi disposés et ainsi poursuivis, il est probable qu'on assurerait au commerce une embouchure du Rhône constamment praticable. Dépense totale 14,550,000 francs. Entretien de ces ouvrages et de ceux déjà faits, 128,200 francs. » (pages 67 à 69).

Première observation.

Il résulte de ces citations que M. Surell n'est point et n'a point dit être l'auteur du projet d'endiguement, ainsi que l'affirme M. Peut à la page 28 de sa brochure du 30 novembre 1856.

« C'est à M. Surell lui-même, l'auteur du projet d'endiguement, que « j'emprunterai ce que je vais dire à cet égard. Son opinion ne saurait être « mise en doute dans une question qu'il a si longuement et si consciencieu- « sement étudiée. » (Le canal Saint-Louis et le port du Bas-Rhône).

Nous verrons plus tard que M. Surell a dû devenir l'adversaire de l'endiguement, par sa participation à la société du canal Saint-Louis. (Voir p. 48, n. 28).

Me voici donc, dès le début, en parfait accord avec quelques ingénieurs, la commission prise sur les lieux, le tout appuyé du décret de l'Assemblée nationale du 1er juin 1791. Il est présumable que ces autorités balanceront, au jugement des lecteurs, celle du *Courrier de Lyon* ou de tel autre journal, ou des conseils municipaux d'Anse et de Beaujeu.

9. « Ces formations de theys sont souvent favorisées par des naufrages. Lorsqu'un bâtiment échoue sur ces plages, il provoque d'abord autour de lui des affouillements et s'enfonce; mais quand la carène est entièrement noyée. l'action change, et il devient le noyau de dépôts successifs qui s'étendent autour de lui. — Ainsi s'est formé le they d'*Eugène*, autour du navire de ce nom. Telle est aussi l'origine des theys de la *Tartane* et de *Roustan*. Celui du *Pégoulier* a dû sa naissance à un navire chargé de brai. Le naufrage de l'*Annibal* sur la barre actuelle, a sans doute contribué à lui donner sa forme contournée. Les mâts de ces navires sont encore debout et dominent, comme des signaux, la morne solitude de ces plages. » (page 28).

Deuxième observation.

De ces faits, je conclus avec l'inflexible logique que si, par malheur, le projet du canal Saint-Louis venait à prévaloir, le golfe de Foz ne tarderait pas d'avoir le they Saint-Louis. En outre, ces nombreux naufrages, qui vont rétrécissant de plus en plus cette baie, ne prouvent-ils pas péremptoirement combien ses approches sont malsaines ? (*Voir* p. 46).

10. « Dans les ports, bassins, étangs ou canaux ouverts du côté de la mer, les barres s'établissent à l'entrée même du canal de communication. C'est ainsi que se ferment les graus des étangs du golfe de Lion. A Aiguesmortes, la barre entre dans le canal du Roi et l'obstrue entre les musoirs ; mais quand le Vidourle fait chasse, il rejette la barre au dehors, et la dispose en avant de l'ouverture des môles selon la forme ordinaire de fer à cheval. » (P. 52).

Troisième observation.

Après avoir lu ce passage, osera-t-on nier la formation instantanée d'une barre à l'entrée du canal Saint-Louis?

11. « L'amélioration des embouchures est-elle possible?

« Sans doute, nulle puissance ne peut empêcher la mer de refouler les alluvions. Mais nulle puissance aussi n'empêchera le fleuve de franchir la barre en s'écoulant pardessus : ce qu'il ne peut faire sans qu'elle n'ait une certaine profondeur en rapport avec le volume , la vitesse et la largeur de la masse d'eau qui doit y passer. — Cette profondeur n'est donc pas immuable : elle ne peut pas l'être, et en effet tout concourt à démontrer qu'elle varie avec une grande mobilité au gré des circonstances sous lesquelles les barres sont placées. » (P. 54 et 55).

Quatrième observation.

La hauteur des barres est incontestablement en rapport inverse avec la masse d'eau affluant dans la mer, et la largeur de son cours. D'où il faut conclure qu'en resserrant la bouche du Rhône, on obtiendra sur la barre une profondeur proportionnelle. Il faut de toute nécessité que l'eau du fleuve entre dans la mer ; or, comme cette eau ne peut s'élever au-dessus du niveau de la mer, elle doit se frayer un passage en creusant la barre : c'est là une des lois immuables de l'hydraulique. (*Voir* 13e observation, p. 42).

A l'exception de quelques points élevés contre lesquels la mer bat avec violence, ou exposés à de forts courants, tout le littoral maritime est garni d'un bourrelet ou cordon de galets, de sable et de coquillages, produit par les lames qui refoulent sur le rivage les pierres, les terres et les détritus qui lui sont apportés par les fleuves et par les vents ou par ses propres courants. Or, les barres, à l'embouchure des fleuves, ne sont que la continuation de ce cordon, maintenu à un niveau plus bas par l'écoulement de ces fleuves dans la mer.

12. « L'inconstance avec laquelle varient les hauteurs actuelles de la barre (du Rhône) est une preuve de la facilité avec laquelle les plus petits accidents agissent sur elle, pour l'accroître ou la diminuer. D'où nous concluons qu'une cause qui, d'une manière permanente, agirait pour l'approfondir, obtiendrait certainement son effet. »

« Il y a donc dans les barres un élément susceptible d'être modifié, et cet élément est précisément celui qui importe à la navigation. » (P. 57).

Cinquième observation.

Cette conclusion de M. Surell prouve donc la certitude de pouvoir abaisser la barre du Rhône.

13. « L'amélioration de l'embouchure de l'Hérault est un exemple plus probant encore, parce qu'il se rapporte à un cours d'eau tout-à-fait voisin , et débouchant sur la même côte. En 1665 l'embouchure de l'Hérault n'avait ordinairement que 1 m. 46 à 1 m. 62 de profondeur, et tout au plus 2 m. 45 dans les crues les plus favorables.

« En 1783, Grogniard proposa de resserrer l'embouchure entre deux jetées, laissant à la rivière 40 toises de largeur , et comme il estimait que la rive s'avançait chaque année d'environ une toise en mer, il conseillait d'allonger graduellement les digues.

« Cet endiguement fut exécuté, et, depuis cette époque, il a constamment assuré 4 mètres de profondeur au chenal.

« C'est donc à tort que la réussite de ces travaux a été contestée. Elle est aussi complète que possible.

« Si l'on considère que l'Hérault est extrêmement limoneux ; qu'il n'a guère que 15 mètres d'eau pendant une partie de l'année, ce qui est insuffisant pour faire chasse ; qu'il débouche au fond d'une anse qui s'ensable naturellement depuis la construction de la digue de Brescou par Richelieu, on ne peut s'empêcher d'être frappé d'un si bon résultat, et d'en tirer des conclusions favorables au Rhône, qui semble, à beaucoup d'égards , présenter des chances de succès plus certaines encore. » (pages 59 et 60)

Sixième observation.

Il n'y a rien à ajouter à ces lignes : l'analogie est frappante. Au surplus, M. Surell va se charger d'en tirer les conclusions dans le chapitre suivant.

14. « Chap. IX. Circonstances favorables que présente le Rhône.

« De l'ensemble de ces faits, nous concluons que l'approfondissement des barres n'est pas en général un problème insoluble. Examinons maintenant jusqu'à quel point le Rhône se prêterait à une telle amélioration.

« Remarquons d'abord qu'il débouche dans une mer dont la profondeur, à une distance de 6 kilomètres des embouchures, est de 60 à 70 mètres : que ses alluvions sont portées jusqu'à 4, et même 10 kilomètres au large par son courant ; qu'elles sont de plus balayées vers l'ouest par le courant littoral. — Toutes ces conditions sont favorables à l'amélioration.

« Les embouchures étant placées à l'extrémité orientale du delta, se trouvent pour ainsi dire à la tête du courant, qui ne peut lui apporter aucune alluvion. » (Page 64).

Septième observation.

Nous verrons plus tard (*voir* page 43, la 15me observation et la citation qui la précède) dans quelle contradiction tombe l'auteur, lorsqu'il propose de barrer cette bouche principale du fleuve pour assurer la conservation du canal Saint-Louis.

13. « L'orientation générale des bouches du Rhône est dirigée du N.-O. au S.-E. Il s'en suit que les vents qui soufflent depuis le nord jusqu'à l'ouest leur sont très-favorables, parce qu'ils viennent en aide au courant fluvial. Or ces directions sont précisément celles des vents régnants. La fréquence et la force du mistral sont proverbiales. — Les observations anémométriques faites à Arles, Marseille, Beaucaire, etc., indiquent que les vents du nord à l'ouest règnent environ les deux tiers de l'année. »

« Le Rhône est donc à cet égard plus favorisé que d'autres fleuves, notamment que le Nil, où le courant fluvial est contrarié par les vents qui soufflent depuis le N.-E. jusqu'au N.-O., et qui dans ces parages sont violents et fréquents. Ils enlèvent les sables de la plage, les répandent dans le fleuve, et conspirent ainsi avec la mer à bouleverser les passes. (P. 63).

« La côte du delta du Rhône ne présente pas ces dangers ; les vents n'y soulèvent pas les sables, et ceux qui dominent, loin de nuire aux passes, tendent à les déblayer.

« Une des fortes objections qu'on oppose à l'endiguement des embouchures, consiste à présenter ce travail comme n'ayant jamais de fin, à cause de l'avancement continuel des barres. (P. 62).

15. « Cette raison peut être bonne pour certains fleuves, dont les bouches marchent avec une grande rapidité. Le Mississipi, par exemple, s'allonge annuellement de 351 mètres, ce qui obligerait de faire chaque année 700 mètres courants de digues nouvelles. Mais sur le Rhône où l'allongement moyen ne se fait depuis Cassini (1760) qu'au taux de 33 mètres par an, on est réellement en présence que d'une dépense fort ordinaire, qu'on peut assimiler à celles qu'imposent annuellement le draguage de certaines rivières, le curage des ports (*et des canaux*, faut-il ajouter), l'empierrement des routes et bien d'autres travaux dont le propre est de n'être efficace qu'à la condition d'être toujours renouvelés.

« D'ailleurs cet allongement ne doit pas continuer indéfiniment selon la même loi. Nous avons vu plus haut qu'il allait toujours en diminuant. Il atteindra une limite où il s'arrêtera. » (P. 64).

17. « En définitive, on peut dire que le Rhône offre une réunion de

circonstances propres à favoriser l'amélioration de ses embouchures, et qu'il n'y oppose aucune de ces difficultés particulières qui, dans certains fleuves, rendraient le succès des travaux douteux » (P. 65).

Huitième observation.

De ces passages textuels, il ressort d'une manière incontestable que M. Surell est d'avis que la barre du Rhône peut être facilement et sûrement améliorée, et que ses conclusions sont posées dans ce sens.

Cependant, l'infatigable promoteur du canal Saint-Louis, dans ses lettres des 21 et 22 octobre 1856 (*Salut Public* des 28 et 29 octobre; *Courrier de Lyon* des 24, 29 et 30 octobre 1856, et dans la brochure *Le Canal Saint-Louis et le port du Bas-Rhône*, Paris, 1857), après avoir fait un tableau merveilleux des avantages que Marseille, Lyon et la Compagnie du chemin de fer de Paris-Lyon à la Méditerranée trouveraient dans la construction du susdit canal, s'exprime ainsi : (déjà cité p. 27, 1re observation).

« *C'est à M. Surell lui même, l'auteur du projet d'endiguement, que j'emprunterai ce que je vais dire à cet égard. Son opinion ne saurait être mise en doute dans une question qu'il a si longuement et si consciencieusement étudiée.*

« *Voici comment il s'exprime sur la barre du Rhône ; je cite textuellement ; chaque phrase, chaque mot dans cette citation mérite une attention particulière :* »

A. « Comme rien n'est plus mobile que la direction des courants du fleuve ; comme d'un autre côté, *la barre n'est formée que d'alluvions sans consistance* et souvent remuées, *la passe se déplace fréquemment.* (Mémoire sur l'amélioration, etc. P. 36).

B. « Si la mer était calme pendant les crues, *il est probable* qu'elles approfondiraient les passes. Mais les inondations sont toujours produites par les longues pluies qu'amènent les vents de la Méditerannée, *et ceux ci refoulent avec force la mer contre le rivage.* Ainsi la même cause qui gonfle le Rhône renforce aussi la violence des vagues. En définitive, l'action des crues est généralement perturbatrice ; *elles bouleversent les barres, les déforment, obstruent les passes existantes, en*

ouvrent de nouvelles, et laissent toujours après des profondeurs moindres.
Cette observation est générale et fort ancienne. Elle est déjà exprimée
dans les mémoires de Remillat et de Lalauzière.

C. « Les vents *améliorent* la passe lorsqu'ils soufflent dans le sens
du courant fluvial ; *ils la gâtent* lorsqu'ils soufflent à l'encontre.
Lorsqu'ils se prolongent plusieurs jours , *ils finissent par la rendre
impraticable.*

« Il est aisé maintenant de s'expliquer les gênes et les dangers que
rencontre la navigation au passage de la barre.

D. « Quelquefois la passe s'obstrue ; *ce qui ferme radicalement
l'entrée du fleuve aux navires, ou les empêche d'en sortir.* D'autres fois,
la mer devenant grosse, *brise avec tant de fureur sur la barre, que nul
bâtiment n'oserait s'y risquer.* D'autres fois, *ils sont arrêtés par les vents.*
Pour traverser *cet étroit défilé environné de hauts fonds où la moindre
déviation entraîne le naufrage,* les navires auraient besoin de gouverner
avec une entière liberté. Or, *il est rare* qu'ils ne rencontrent pas quelque
obstacle, *soit dans les vents , soit dans la mer, soit dans les courants
littoraux qui les dérivent à l'ouest, soit dans le courant du fleuve qui les
repousse, soit enfin dans les incertitudes de la passe même.* (Ibidem
p. 39 et 41). »

Note sur ce passage.

Ma dixième observation, page 38, répond à l'esprit dans lequel ces passages ont été écrits : M. Surell s'exagère toutes les
difficultés pour mieux les combattre. Le tort de M. l'inventeur
du canal Saint-Louis est de les donner comme l'expression exacte
de la pensée de l'auteur sur la barre de la principale bouche du
Rhône.

A la page 36, chapitre V, M. Surell dit :

« Sur la barre de l'est, la ligne de faîte n'est recouverte que d'une mince
« lame d'eau dont l'épaisseur varie de 0, m. 05 à 0, m. 85. »

Voulant convaincre mes lecteurs de l'impraticabilité de la
passe du Rhône, je m'arrête là. Il est évident que tout bateau
tirant plus de 0 m. 85 ne peut entrer dans le fleuve qui, par ce
fait, est fermé à la navigation. C'est là la méthode de M. l'inventeur du canal Saint-Louis.

Mais ayant intérêt à faire connaître l'alinéa en entier, afin de pouvoir faire d'une pierre deux coups, je poursuis la citation :

« Mais cette crête est toujours traversée sur un point ou un autre, par un « courant qui y creuse une sorte de chenal : c'est la passe. *Sa largeur varie* « *de 100 à 150 mètres, sa profondeur de 1 m. 50 à 2 m.* »

Il est clair que ces trois dernières lignes annulent ou rectifient le sens des deux premières, et tout le monde comprend qu'on peut franchir la barre avec une embarcation tirant de 1 m. 50 à 2 mètres. Ceci convenu, je prierai les plus savants partisans du canal Saint-Louis de me dire, la main sur la conscience, ce qui ressemble le mieux à un *étroit défilé*, d'un passage ayant *deux* ou *trois mètres de long* sur *cent à cent cinquante mètres de large*, ou un canal ayant *quatre mille cinq cents mètres de longueur* sur *trente-deux à quarante mètres de largeur?* (Chapitre XV, p. 96).

En attendant leur réponse, je poserai cette autre question, toujours au sujet de cette tant remarquable citation D :

Est-ce que, d'aventure, Messieurs les auteurs du canal Saint-Louis pensent commander à Éole et à Neptune des vents et une mer faits exprès pour le service de leur canal ?

Dans le cas contraire, je les engagerai à supprimer cet article de leurs tablettes, n'osant pas leur faire connaître le jugement qu'en porteront les marins.

« *Enfin, comparant le canal Saint-Louis à l'endiguement du Rhône, il* « *ajoute :*

E. « Tous deux ne rempliront leur but qu'à l'aide de travaux incessants : sur le Rhône, *ce sont les jetées assujetties à suivre en mer la barre fuyant devant elles*; sur le canal, c'est un draguage qui doit faire équilibre aux limons introduits par le fleuve d'un côté, par la mer de l'autre (1).

---

(1) « Dans une autre partie de son mémoire, pages 93, 94 et 95, M. Surell prouve que ces dépôts seront nécessairement peu de chose, et, par conséquent, que le draguage n'aura jamais d'importance. » (Note de M. H. Peut.)

F. « Les résultats nous paraissent également certains des deux côtés. Mais à quel degré l'état actuel des embouchures sera-t-il amélioré ? Quelle sera la profondeur de la passe ? *Voilà ce qu'il serait impossible de préciser.* On ne peut disconvenir qu'à cet égard le canal, qui ne présente pas cette incertitude, offre par là même un avantage sur les embouchures. *Il donnera le tirant d'eau annoncé, ni plus ni moins, et, en le construisant, on sait au juste à quoi l'on aboutira.*

« G. Cet avantage n'est pas le seul. *Les embouchures même améliorées ne seront jamais un passage parfaitement facile. Nous pouvons bien abaisser la barre, mais que peut l'art contre les forces atmosphériques, et les brisants de la mer qui interceptent si souvent le passage, non pas faute de mouillage, mais faute de liberté dans la manœuvre des navires ? Ceux-ci auront toujours à lutter contre le courant du fleuve, celui du littoral, les vents contraires et les brisants,* toutes les fois que la mer sera mauvaise. L'approfondissement de la barre diminuera sans doute une partie de ces difficultés ; *mais on ne peut espérer qu'il les efface complètement.*

H. « Le canal, au contraire, s'ouvrant dans une anse qui sert de refuge aux navires, offrira dans les gros temps une ressource précieuse. Il rendra l'entrée du fleuve praticable alors qu'elle ne le serait plus par l'embouchure. (Ibidem, pages 103 et 104). »

Neuvième observation.

De ces passages, scrupuleusement copiés de la brochure si élogieusement citée par M. le Rédacteur du *Courrier de Lyon*, 10 décembre 1856, *Le Canal Saint-Louis et le port du Bas-Rhône*, pages 28 et 29, il résulte également, d'une manière non moins certaine, que l'auteur du *Mémoire sur l'amélioration des embouchures du Rhône*, pense que la barre ne peut être améliorée, et qu'il conclut en faveur du canal Saint-Louis : et alors le lecteur attentif à ce long débat, l'abonné du *Courrier de Lyon*, du *Salut-Public* ou autres gazettes ; les membres des conseils généraux, municipaux, chambres de commerce, etc . qui ont émis les considérants et les vœux suivants :

« *Considérant que tous les travaux exécutés jusqu'à ce jour à l'embouchure du Rhône n'ont amené aucun changement appréciable dans l'état de sa barre ; et que ces travaux, eussent-ils pu être couronnés de succès, de l'aveu même de M. Surell, ingénieur chargé des études, auraient toujours été insuffisants pour les besoins du commerce, aujourd'hui surtout que les bâtiments d'un fort tonnage deviennent d'un usage de plus en plus général dans la marine de tous les pays ;*

« *Considérant qu'il importe, dès lors, de mettre au plus tôt à exécution..., comme offrant incontestablement la solution la plus certaine, la plus rationnelle et la plus efficace du problème des embouchures, la construction du canal.... Saint-Louis.... »*

« *Considérant que de l'avis des hommes les plus compétents, l'exécution de ce travail et l'application des mesures depuis si longtemps réclamées par le commerce...., seraient les plus puissants moyens d'assurer la navigation contre toute concurrence.... etc.... »*

« *Émet les vœux*

« *Que le canal proposé en* 1847 *par MM. Peut et Bonnardel, sous le nom de* Canal Saint-Louis, *soit exécuté dans le plus bref délai possible, comme offrant* la seule et unique solution rationnelle *du problème de la barre du Rhône, et comme pouvant* seul assurer l'avenir de la navigation fluviale ; .... »

Alors, dis-je, le lecteur attentif, etc., demandera comment il se fait que le même ouvrage, loué par les deux adversaires, dise *blanc* sous la plume du défenseur de la barre, et *noir* sous celle du promoteur du canal *Saint-Louis*.

Je vais expliquer ce tour de passe-passe qui pourrait bien n'être pas du goût de tous ceux qui, sur la foi de citations, exactes quant aux termes, fausses quant aux conséquences qu'on en tire, ont écrit, parlé, déclamé, voté et pétitionné en faveur d'un canal présenté comme l'unique solution du problème de l'amélioration de la barre du Rhône.

Et d'abord, je ferai observer que le premier, complétement désintéressé dans la question, n'a d'autre but que l'intérêt général. Tandis que le second est propriétaire de marais sans valeur, qui seraient traversés par le canal, et dont on aurait offert de vendre à la Cie générale de navigation la partie nécessaire à l'exécution de ce canal, au prix réduit de *trois centimes le mètre*. (Lettre à MM. les actionnaires de la Cie générale de navigation du Rhône. P. 5)—On voit que c'est pour rien, les conséquences seules pourraient être chères.

L'un parle en manœuvre, en paysan, en matelot, en négociant, qui n'a pour toute science qu'une longue expérience pratique, cimentée par la réflexion, l'observation et la comparaison des choses et des faits qu'il a vus; et qui dit ces choses et ces faits tels qu'ils sont ou lui paraissent être, sans souci du reste.

L'autre parle en avocat qui veut faire triompher sa cause, et, à cette fin, construit, produit, déduit tous les arguments bons ou mauvais que lui fournit sa brillante imagination, ou qu'il puise et épuise d'ici et de là, en niant, contredisant ou dénaturant les faits, raisonnements et arguments contraires.

Enfin l'un cherche à éclaircir la question, et l'autre à l'embrouiller

Le public jugera et le Gouvernement aussi.

Pour faire comprendre le procédé dont on a usé, il suffira de copier le sommaire du Mémoire dont il paraît qu'on peut tirer à volonté de la farine ou du charbon.

Dixième observation.

De ces titres, il résulte clairement que les sept premiers chapitres sont des études historiques et descriptives dans lesquelles l'auteur recherche et aborde toutes les difficultés, tous les obstacles à combattre pour arriver à l'amélioration désirée. Ce n'est donc pas là qu'il faut aller prendre des citations concluantes et décisives contre la possibilité de rendre la passe du Rhône praticable par l'abaissement de la barre, et conclure, contre l'opinion même de l'ingénieur cité, que le projet du canal Saint-Louis *est la seule solution possible du problème.*

Je vais, par une démonstration sans réplique, réduire à néant l'argument tiré de la métaphore nous présentant *les jetées assujetties à suivre en mer la barre fuyant devant elles.* (Voir p. 34, E).

Dans le chapitre IV : Recherches sur l'état ancien des embouchures, p. 50, M. Surell s'exprime ainsi :

« On a donné des évaluations fort diverses de cet empiétement (des bouches du Rhône dans la mer).

Selon M. Fabre, il serait de   68 mètres 78 par an ;

    M. Elie de Beaumont, l'évalue à   30   »

M. Poulle	à	10	»
La commission des embouchures	à	1	»
M. Peyret-Lallier le porte	à	8½	» depuis 1722 ;
	à	71	» depuis 1737 ;
M. Surell (page 33) l'évalue	à	42	» depuis 1712. »

Pour avoir la moyenne de ces estimations, j'additionne les 7 nombres qui me donnent 321 mètres 78 ; je divise cette somme par 7, et je trouve 46 mètres 39 ; c'est-à-dire que, d'après l'estimation des savants, les bouches du Rhône doivent s'avancer de 46 mètres 39 par an. Je regrette toutefois que l'évaluation de la commission d'Arles me gâte un peu la moyenne académique.

Or, je lis dans un grand dictionnaire de géographie universelle que

« *Arles fut fondée, les uns disent* 600 *ans, les autres* 1,500 *ans avant JésusChrist.* »

Prenant un terme moyen, cela lui donnerait 2,910 ans d'existence ;

Multipliant 46 mètres 39 par 2,910, je trouve, en chiffre rond, 135,000 mètres. C'est-à-dire qu'il résulte, de ce calcul très-simple, que le Rhône a prolongé ses embouchures en mer de 135 kilomètres, depuis la fondation d'Arles.

Or, on peut voir, page 16 du Mémoire sur *l'Amélioration des embouchures du Rhône*, que « du pont d'Arles jusqu'à la pointe extrême des embouchures, il y a 50 kilomètres ; ce qui établirait invinciblement que cette ville a été bâtie sur un îlot ou un promontoire à 85 kilomètres en aval des bouches du Rhône, c'est-à-dire en pleine mer ; ce qui est absurde, car le sol sur lequel elle est construite dément cette supposition. »

Dans deux tableaux proportionnels, l'un page 34 et l'autre page 139, M. Surell démontre que si les empiètements du Rhône ont pu être de 200 à 177 mètres par an dans les temps anciens, ils sont, après une période de 2,372 ans, descendus entre 8 mètres 50 et 3 mètres 37, estimation qui se rapproche beaucoup, il faut en convenir, de celle de M. Poulle, 10 mètres, et de celle de la commission des embouchures, 1 mètre.

« On voit, ajoute M. Surell, page 139, que le décroissement se fait très-vite, puisque la marche, qui est de 62 mètres par an quand l'allongement est compris entre 2 et 4 kilomètres, n'est plus que de **3 m**. 37 quand cet allongement a atteint 18 à 20 kilomètres. »

C'est-à-dire, quand il est arrivé à de plus grandes profondeurs de la mer.

De ces études, on doit donc conclure que l'argument contre l'endiguement des bouches du fleuve, tiré des expressions de M. Surell, est sans valeur. Cette phrase : « *Ce sont les jetées assujetties à suivre en mer la barre fuyant devant elles,* » ne doit être considérée que comme une fleur de rhétorique mise là pour faire image et amuser le lecteur.

19 · Nous ne pouvons nous empêcher de faire un rapprochement entre cette question si vivement disputée des embouchures du Rhône et celle de la Seine qui, elle aussi, pendant plus d'un siècle, a divisé les meilleurs esprits. L'amélioration directe était généralement considérée comme impossible. La question serait encore indécise, si les Anglais, plus pratiques que nous et plus entreprenants, n'avaient tout d'abord abordé la question par l'expérience. — Aujourd'hui le succès de leurs travaux n'est plus contesté. La Clyde, qui n'avait que 3 pieds aux embouchures, en a maintenant 17. Les bâtiments remontent jusqu'à Glascow, dont la population qui n'était que 23,000 habitants est maintenant de 300,000. En 1844, 13,900 navires jaugeant 1,401,949 tonneaux sont entrés dans ce port.

· Les embouchures de la Tees, du Witham, du Welland, de la Saverne, du Vear ont été améliorées de la même manière. » (P. 87).

20 « Les navires d'un fort tonnage ne pouvaient arriver à Perth à 10 lieues de l'embouchure du Tay. Les ingénieurs Stevenson par des draguages, et des rétrécissements amenèrent à ce port des bâtiments tirant 16 pieds d'eau dans les grandes marées et de 11 pieds dans celles des quadratures.

· Les ingénieurs Brooks et Rennie sont en voie d'améliorer la Tyne en la rétrécissant entre des digues formées de pieux reliés par des clayonnages.

« Au moyen d'une digue on a obtenu m. 3,66 sur la barre de la Liffey qui n'avait que m. 1,50 à m. 1,70. » (Page 130).

« La Nène a été tellement améliorée par l'endiguement, que des navires d'environ 700 tonnes remontent dans les marées ordinaires, là où ne pouvaient monter précédemment que des charbonniers de moyenne dimension.

« Le perfectionnement de la Tamise a été obtenu par une suite de conquêtes opérées sur ses rives, et qui ont peu à peu rétréci et régularisé la rivière. Des parties qui en 1767 ne présentaient que 12 pieds de profondeur en avaient 18 en 1802. » (Page 131).

Onzième observation.

On ne peut rien dire de plus clair, de plus positif, de plus concluant en faveur de l'amélioration de la barre du Rhône. A la suite de ces nombreux exemples de rivières, dont les embouchures ont été si profondément améliorées au moyen d'endiguements, on doit croire que les conclusions de l'auteur sont exclusivement favorables à la poursuite de semblables travaux sur le Rhône. Cette croyance doit être une certitude pour ceux qui se rappellent les lignes copiées à la page 31, sous le numéro 17, et que j'engage le lecteur à lire de nouveau.

Détrompez-vous, bonnes gens ! Oyez et jugez !

21 « Le canal serait-il préférable à l'endiguement des embouchures ?

« Les deux solutions semblent égales à beaucoup d'égards.

« Des deux côtés il y a lutte contre les envasements, avec espoir d'en triompher ; ici, où ils sont formidables, en s'aidant de la chasse énergique du fleuve ; là, où ils sont faibles, par le secours des machines. — Tous deux ne rempliront leur but qu'à l'aide de travaux incessants : sur le Rhône ce sont les jetées assujetties à suivre en mer la barre fuyant devant elles : sur le canal, c'est un draguage qui doit faire équilibre aux limons introduits par le fleuve d'un côté, par la mer de l'autre. » (P. 103.)

Douzième observation :

Attention à ces limons ! je vous prie ; nous les mettrons à profit tout-à-l'heure.

22. Les résultats nous paraissent également certains des deux côtés. Mais à quel degré l'état actuel des embouchures sera-t-il amélioré ? Quelle sera la profondeur exacte de la passe ? Voilà ce qu'il serait impossible de préciser. » (Page 103.)

Treizième observation :

Pardon, Monsieur; sans être ni ingénieur, ni savant, je vais, d'après la théorie exposée dans ma quatrième observation, donner le moyen d'évaluer cette profondeur. Je poserai des chiffres ronds pour être plus clair : Le Rhône débite mille mètres cubes par sa bouche principale, celle qu'il s'agit de rendre constamment praticable; cette bouche a mille mètres de largeur ; sans l'avoir sondée, je suis sûr qu'elle a un mètre de profondeur. Si je réduis la largeur du lit à 500 mètres, au moyen de digues de un mètre au-dessus de l'étiage, je dois obtenir une profondeur de deux mètres. Si je resserre ce lit encore de 250 mètres, en élevant mes digues de deux mètres de plus, je crois pouvoir dire que j'obtiendrai quatre mètres d'eau sur la barre. Vous êtes meilleur calculateur que moi, Monsieur, et je vous laisse le soin de continuer jusqu'où vous voudrez cette progression mathématique, me bornant à faire observer que l'effet de ce resserrement du fleuve se produira avec d'autant plus de facilité que, ainsi que vous le dites, p. 36 :

« .... *la barre n'étant formée que d'alluvions sans consistance et souvent remuées, la passe se déplace fréquemment.* »

Et en tête de la page 57 :

23. L'inconstance même avec laquelle varient les hauteurs actuelles de la barre est une preuve de la facilité avec laquelle les plus petits accidents agissent sur elle, pour l'accroître ou la diminuer. D'où nous concluons qu'une cause qui d'une manière permanente agirait pour l'approfondir, obtiendrait certainement son effet. »

24. « On ne peut disconvenir qu'à cet égard le canal, qui ne présente pas cette incertitude, offre par là même un avantage sur les embouchures. Il donnera le tirant d'eau annoncé, ni plus ni moins, et en le construisant on sait au juste à quoi l'on aboutira. » (Page 103).

Quatorzième observation.

Je vous demande un million de pardons, Monsieur ; vous pouvez bien décrire l'effet des vents , des flots, des limons et des sables mouvants sur les barres en général , mais vous ne pouvez indiquer les effets de ces causes sur un canal qui n'a pas d'analogue. Votre théorie est toute conjecturale. Vous ne savez au juste à quoi vous aboutirez. Et comme je ne saurais invoquer contre vous une autorité plus compétente que la vôtre, en opposition au passage ci-dessus, je vais citer ce que vous dites à la page 76 ;

25 « 4° Celle-ci (LA PASSE DU GRAU DE L'EST, C'EST-A-DIRE LE LIT PRINCIPAL DU FLEUVE) a de plus l'inconvénient de verser ses dépôts trop près de la rade de Foz et du port de Bouc ; ce qui donnait à Bellidor de telles craintes sur l'avenir de ce port, qu'il proposait de rejeter le Rhône dans le vieux Bras-de-Fer.....
(p. 76). »

« ...... l'anse du Repos, et en général le golfe de Foz. ne recevraient plus d'autres limons que ceux qui pourraient lui être versés par le grau de l'Est. Mais ceux-ci, comme on le sait, sont chassés vers l'Ouest.

(Pour la plus grande part , mais non en totalité ; et je vous prie de vous reporter une page en arrière, à ma douzième observation : Attention à ces limons !)

« S'il arrivait toutefois que, plus tard, des sondages comparatifs fissent craindre qu'une petite quantité d'alluvion s'introduisît dans la rade, il faudrait barrer le grau de l'Est, à la hauteur du they de Roustan, et jeter le Rhône dans ce dernier grau. » (Page 99).

Quinzième observation.

Donc j'ai eu raison de dire dans ma quatorzième observation que vous ne savez au juste à quoi vous aboutirez.

Avant de passer outre , j'appellerai l'attention du Gouvernement et de tous les hommes de mer ou qui attachent quelque intérêt à la navigation du Rhône, sur cette énormité qui tend à supprimer l'entrée du fleuve par sa bouche naturelle Car en rejetant son cours dans le grau de Roustan, c'est-à-dire du côté Sud-Ouest , on rendrait son entrée plus difficile et plus dangereuse , puisque c'est de ce côté que le courant littoral porte les limons. Et, si plus tard, le canal Saint-Louis avait complètement échoué , ainsi que j'en ai la profonde conviction , on aurait rendu l'amélioration de la barre beaucoup plus difficile. Et le petit cabotage, qui a encore quelque activité aux embouchures du Rhône, serait perdu. Et Arles, si fort intéressée dans cette navigation, serait immédiatement réduite au sort d'Aiguesmortes. Je ne crains pas de dire que l'idée seule de cette alternative doit faire condamner le canal Saint-Louis comme une monstruosité.

Et je vais prouver que si , ce dont Dieu nous préserve ! on voulait donner suite, quand même, à ce malheureux projet, on devrait commencer par fermer ce grau de l'*ist* (¹). En effet, je trouve dans vos propres renseignements la certitude que les limons du Rhône ne tarderaient pas à élever le fond du golfe de Foz et à obstruer l'entrée de votre canal. Vous dites à la page 91 :

« Il y a à l'Est des embouchures une rade appelée le Repos, où il y a 4 à 5 brasses d'eau, fond de vase et d'argile, où les ancres tiennent bien (dit M. de Beaujeu, en 1766). Il peut y mouiller des frégates à l'abri de tout vent. Il n'y a que le Nord-Est qui peut les inquiéter, mais elles ne risquent rien. » (page 91).

Je passe sur ce : *mais elles ne risquent rien*, qui dit tout le contraire, pour m'arrêter sur les **4** à **5** brasses d'eau , c'est-à-

---

(1) J'ai l'honneur de prier l'Académie et le Bureau des Longitudes d'accueillir cet innocent néologisme. Il a l'avantage de faire disparaître une cause d'équivoque et de cacophonie avec la troisième personne de l'indicatif du verbe *être*, de se prononcer comme son correspondant anglais EAST, et peut éviter une erreur fatale dans l'échange des renseignements en mer : les quatre points cardinaux auront ainsi une consonnance différente : IST. OUEST. NORD. SUD.

dire de 6 mètres 48 à 8 mètres 10 ; et encore faudrait-il connaître à quelles distances du rivage régnaient ces profondeurs.

Quelques lignes avant , page 90, vous dites :

26 « Un sondage fait par nous-même, et poussé jusqu'à 1,500 mètres du rivage, nous a donné les cotes suivantes :

à 100 mètres de la plage	1 mètre	30
à 500 » »	3 »	60
à 1,000 » »	4 »	55
à 1,500 » »	6 »	65

Je m'arrête ici pour comparer les profondeurs du mouillage en question , en supposant , à l'avantage de votre système , que les distances sont les mêmes , ce qui évidemment n'est pas , puisque le they du Pégoulier n'existait pas du temps de Beaujeu , non plus qu'un nouveau they qui a fait son apparition au-dessus du niveau de la mer, entre le mât de l'*Annibal* et le they du Pégoulier ; et que par cette formation , la pointe orientale des embouchures s'est avancée en mer de 1,300 mètres. (Extrait du rapport manuscrit qui accompagne les secondes études faites par M. Surell , pour la Société Lyonnaise.)

De cette comparaison, il résulte que la profondeur d'eau dans l'anse du Repos a diminué de m. 1,55 à m. 1,93 , en quatre-vingts ans. Et j'insiste sur ce point qu'il ne pouvait pas être question en 1766 , avant la formation des theys dont je viens de parler, d'un ancrage à l'abri de tout vent, à quinze cents mètres d'une plage qui , du N-O au S-O ne s'élève que partiellement à plus de soixante-quinze centimètres au-dessus de la basse mer.

On peut donc conclure de ces comparaisons que la profondeur de l'anse du Repos a diminué de plus de 3 mètres. C'est rassurant pour l'avenir du canal Saint-Louis !!!

« Tous ces theys sont tour à-tour submergés par le Rhône et
« par la mer, qui dans les tempêtes peut se soulever jusqu'à un
« mètre 42 au-dessus du zéro. (P. 27 du Mémoire). »

Au riant tableau de l'anse du Repos, peint d'imagination

par les partisans du canal Saint-Louis, j'opposerai des faits qui donnent un démenti aux théories présentant cette rade comme pouvant servir d'abri contre tous les vents a de grands bâtiments calant de 6 à 8 mètres.

Cette crique ne doit et ne peut être fréquentée que par de petits caboteurs ou des barques de pêcheurs. Figurez-vous une plage nue, au niveau de la mer, décrivant, à l'*est* du delta du Rhône, un arc dont la corde, allant du rivage de Foz à la pointe du Pégoulier, ne laisse pas à sa flèche plus de 1,500 à 1,600 mètres, et dont la plus grande profondeur d'eau, sous la corde de cet arc, ne dépasse pas 6 mètres 65 (page 90 du *Mémoire*). Et dites si ce n'est pas trop exagérer l'utilité de ce mouillage, que de le présenter comme un lieu de refuge assuré contre les plus mauvais temps.

En raison de son peu de hauteur, cette côte ne peut être abordée que par un temps clair; et les mâts, qui se dessinent comme des potences à plus d'un mille en mer, sont de sinistres signaux pour les marins qui fréquentent ces parages.

En novembre 1856, on voyait encore à 300 mètres du rivage de Foz la coque d'un navire du Nord, surmonté de ses bas mâts, naufragé depuis quelques mois. Le 6 février 1859, à quatre heures et demie du soir, le navire américain *Goverond-Epsen* est venu s'échouer à 400 mètres environ. Ce n'est qu'avec danger qu'on a pu sauver l'équipage, car les vagues brisaient avec furie et il était difficile d'aborder le navire.

Si la baie de Foz était ce que la dépeignent les promoteurs du canal Saint-Louis, tant de naufrages auraient-ils lieu devant cette fameuse anse du Repos? (Voir page 28, l'article 9, et la deuxième observation).

« Le Repos présente donc tout ce qui constitue un bon relâche : fond excellent, mer calme et suffisante profondeur. » (Page 90).

27. « En face d'un parallèle où les avantages et les inconvénients se balancent si exactement, il serait difficile de faire un choix qui fût parfaitement motivé. (Page 104).

« Prises isolément, chacune des solutions a ses inconvénients. Prises en semble, elles se complètent l'une et l'autre et donnent à l'amélioration leurs avantages réunis. — Les embouchures seraient surtout la porte de sortie, le canal celle d'entrée. — Dans les gros temps, le canal recevrait ce qui n'aurait pu traverser la barre. Dans les encombrements, le Rhône recevrait ce qui n'aurait pu séjourner devant l'écluse. — La direction du canal étant à peu près perpendiculaire à celle du fleuve, les mêmes vents qui seraient contraires à l'une des deux voies seraient propices à l'autre.

« On peut remarquer même que la construction du canal entraînerait jusqu'à un certain point l'endiguement des embouchures, car elle ne sera bien complète qu'avec le barrage du grau de l'Est, ouvrage qui aura pour effet de rassembler tout le fleuve dans le bras de Roustan, et qui ne laissera plus que peu à faire pour achever l'endiguement. — Enfin cette double porte, ouverte au Rhône sur la mer, ne ferait que reproduire la disposition de plusieurs ports, notamment de celui de Marseille qui, une fois terminé, présentera deux entrées, ouvertes chacune à certains vents et fermées à d'autres. » (Page 105).

Seizième observation.

J'avoue ingénument ne pas saisir les points de ressemblance qui peuvent exister entre les ports de Marseille et celui à créer dans le Bas-Rhône ; car il faut faire attention qu'il y a deux ports à Marseille, et que, par leur disposition, la nature du terrain, l'absence de cours d'eau, nulle comparaison ne peut être établie entre ces bassins factices, l'un entièrement abrité, et l'autre, de deux côtés, par des terres très élevées, et un port naturel, placé à l'embouchure d'un grand fleuve, dont les rivages sont très peu au-dessus des eaux. Les débats soutenus depuis si longtemps, au sujet de l'amélioration des embouchures du Rhône, ont assez fait connaître la situation ; il est donc inutile de poursuivre le parallèle.

Maintenant que le lecteur connaît tous les passages du Mémoire de M. Surell, intéressant le plus directement l'amélioration de la barre par l'endiguement ou par la construction du canal Saint-Louis, avec tout le respect dû au mérite, à la science et à la conscience, je vais attaquer de front ses conclusions comme fausses, contraires aux études et aux faits signalés dans son Mémoire. Je dis qu'elles sont fâcheuses et déplorables à tous les points de vue. Je les citerai comme un témoignage de ces défaillances d'esprit et de jugement auxquelles sont exposés tous les hommes, même ceux du plus haut savoir.

1° Elles sont fausses, parce qu'elles sont la contradiction des prémisses, c'est-à-dire contraires aux études qui font le sujet des treize premiers chapitres et de toutes les notes à l'appui; contraires aux conséquences naturelles des faits, des exemples et des appréciations ou théories qui doivent en découler.

2° Elles sont doubles et incertaines, puisqu'elles indiquent deux solutions, dont la préférée, la plus irrationnelle, la plus conjecturale, est la négation de l'autre.

3° Elles sont fâcheuses parce qu'elles compliquent la question et l'embrouillent; qu'elles compromettent sa solution en divisant les esprits et pouvant jeter le doute dans les décisions ministérielles.

Que dirait-on d'un homme qui, ayant à choisir entre deux directions pour la construction d'un chemin, choisirait celle nécessitant un long tunnel avec barrière, pente rapide et chevaux de renfort, de préférence au terrain uni, droit et toujours praticable sans effort? Tels sont le canal Saint-Louis et l'amélioration de la barre.

Où faut-il chercher les motifs de l'hésitation de l'auteur? C'est ce que je vais éclaircir à l'aide de quelques citations d'une correspondance qui vraisemblablement n'était pas destinée à être publiée.

De la brochure *Le Canal Saint-Louis et le port du Bas-Rhône*, j'extrais les passages suivants :

28 « J'ai rassemblé les renseignements les plus favorables à cette solution.
« (Le canal Saint-Louis). M. Bouvier (ingénieur en chef des ponts-et-chaus-
« sées, alors attaché au service spécial du Rhône), a qui j'en ai fait part, l'ap-
« puiera de préférence à l'idée du rétrécissement (l'endiguement actuellement
« en cours d'exécution). »

« Vous me priez de tenir toutes *nos* dispositions secrètes, cela est facile
« quant à l'organisation d'une compagnie, mais impossible quant à l'idée du
« canal. »

« En terminant, je dois vous prévenir que j'ai passé trois jours à Arles, où
« j'ai ouvert une espèce d'enquête sur *nos* projets. J'ai trouvé tout le monde
« extrêmement bien disposé pour le canal. » (Page 44).

Donc M. Surell était devenu le défenseur du canal Saint-
Louis, en devenant l'ingénieur de la Compagnie de ce nom,
formée ou à former ; donc son témoignage ne peut plus être
invoqué à l'appui de la préférence à donner à ce projet.

Donc tous les raisonnements du promoteur de ce canal
s'écroulent, sapés par leur base.

Moyens de rendre la barre du Rhône constamment praticable, et établissement d'un port dans le Bas-Rhône.

Comme en combattant le projet du canal Saint-Louis, je
n'ai pas entendu nier la possibilité de former un port dans le
Bas-Rhône, je vais, à ce sujet, développer le système qui me
paraît le plus propre à amener cette création.

Personne — et moi, moins que personne — n'osera soutenir
qu'il n'y aurait pas avantage général, à quelque point de vue
qu'on l'envisage, et particulièrement sous le rapport de la prospérité de la navigation fluviale, à ce que le port de Marseille fût
à l'embouchure du Rhône ; puisque les marchandises destinées
à l'intérieur et au transit, gagneraient, *ipso facto*, la différence,
relativement considérable par la nécessité d'un double transbordement, des frais actuels de Marseille à Arles.

Mais contrairement aux partisans du canal Saint-Louis, je
crois qu'il est possible de rendre l'embouchure du Rhône constamment praticable à la profondeur de six et peut-être de huit
mètres. Je crois que ce résultat pourrait être obtenu avec moins
de dépenses que n'en nécessitent les travaux exécutés à Marseille,

et avec de bien plus grands avantages dans le présent et dans l'avenir.

Comme moyen d'engager le Gouvernement à poursuivre l'amélioration de l'embouchure du Rhône par l'abaissement de la barre, je prierai très-humblement son Excellence le Ministre de l'agriculture, du commerce et des travaux publics, de mettre la question au concours. Je suis convaincu de la possibilité de résoudre ce problème, sans recourir à un canal que je considère comme la négation du but à atteindre, en ce qu'il occasionnerait une perte irréparable de temps et d'argent, et ferait ajourner indéfiniment tout autre projet. Et c'est seulement en rendant la passe du fleuve praticable avec un tirant d'eau de quatre à six mètres, qu'on pourra arriver à la formation d'un port qui acquerrait bientôt l'importance assurée à tout port établi à la bouche d'un fleuve coulant au milieu d'un si riche pays, ayant au nord un affluent tel que la Saône, reliée à la Loire, à la Seine et au Rhin par plusieurs canaux; et, ce fleuve, aboutissant directement aux lacs de Genève et du Bourget, et à Grenoble par l'Isère.

A ce propos, j'adjurerai tous les bons citoyens, à quelque rang et à quelque ville qu'ils appartiennent, de mettre de côté d'anciens préjugés, d'oublier des opinions ou votes erronés, pour se rallier au plan le plus simple, de l'intérêt le plus général, le plus actuel et le plus économique : la navigation du Rhône par le Rhône.

A l'aide de cet accord de tous les vœux, on réussira sans doute à obtenir l'appui décidé et décisif du Gouvernement pour l'amélioration complète du fleuve; tandis que, tiraillé à droite et à gauche, l'effet le plus certain de la diversité des projets, plus ou moins problématiques, soutenus avec ténacité ou éloquence, est de paralyser son action : il ne sait auquel entendre.

Les personnes qui nient la possibilité d'abaisser le niveau de la barre, n'ont pas fait attention que le remède était à côté du mal, et qu'on pouvait utiliser le courant sous forme d'écluse de chasse. Mais pour arriver à un résultat positif, la première condition est de n'employer que des gens dévoués à l'œuvre, la comprenant, et décidés à vaincre les résistances morales aussi bien que les difficultés physiques. Car de même que le médecin le moins propre à opérer une guérison est celui qui la déclare impossible, l'ingénieur le moins apte à diriger les travaux de l'amélioration des embouchures est celui qui nie leur succès.

Je me plais à croire que le concours que j'ai l'honneur de proposer excitera une noble émulation dans le corps si distingué des Ponts-et Chaussées, et que quelque rival des Stephenson, des Brunel et des Montricher se présentera pour mener cette entreprise à bonne fin.

Pour aider à la solution de ce problème, je m'empresse de soumettre dès à présent à l'appréciation des gens de l'art un moyen qui, supposé qu'il soit inefficace, peut conduire à un meilleur, attendu, suivant mon refrain, qu'une idée en fait naître une autre. Ainsi remplirai-je le rôle de ce manœuvre anglais qui, chargé d'ouvrir et de fermer les tiroirs donnant entrée et sortie à la vapeur, substitua une corde à ses bras et fournit à son patron l'idée de faire marcher ces tiroirs par le jeu même de la machine.

Voici ce moyen qui me paraît aussi simple que le va-et-vient des tiroirs du cylindre.

Réservant pour le port du Bas-Rhône toute la partie depuis la tour Saint Louis jusqu'à Arles, construire sur la rive gauche une digue insubmersible allant contourner le Pégoulier et remontant jusqu'aux Cabanes, en formant un bassin d'une suffisante hauteur et grandeur pour la retenue des eaux utiles. Ce bassin, dans lequel arriverait l'eau par un canal adossé à la digue et ayant sa prise en aval de celle du canal de Bouc, aurait plusieurs vannes au point le plus rapproché de la barre, pour le service des écluses de chasse. Une drague serait placée dans ce bassin pour en maintenir le fond à un niveau constant, et les dépôts extraits serviraient à élever les terres environnantes.

Une digue insubmersible le long des terres et submersible devant tous les graus, pour l'écoulement du trop plein dans les grandes crues, serait bâtie sur la rive droite jusqu'à l'extrémité du they d'Eugène.

Pour aller au-devant des objections, je citerai ce passage du Mémoire sur l'*Amélioration des embouchures du Rhône*; « On « ne peut alléguer, contre l'endiguement des embouchures, « l'extrême inconsistance du fond, qui serait incapable de sup- « porter aucun ouvrage. Le sol des embouchures ne diffère en « rien de celui qui constitue tout le rivage du Delta, et sur « lequel sont bâties Saintes-Maries et Aiguesmortes, un grand « nombre de tours et les deux phares d'Aiguesmortes et de Fara- « man. Ce dernier a été élevé sur la limite extrême de l'an- « cienne embouchure du Bras-de-Fer. » (page 64).

Des niveaux donnés par M. Surell (page 121), il résulte qu'on obtiendrait dans ce bassin une hauteur de 1 mètre 50 par les eaux ordinaires et de 4 à 5 mètres approximativement dans les grandes crues.

Il est facile de comprendre la puissance que donnerait au courant des écluses la masse d'eau retenue dans ce bassin et son effet sur la barre.

Le reste coule de source.

Il y a, pour le bon emploi du système et sa préservation de tout désastre, une foule de détails dans lesquels il est inutile d'entrer, mais que les hommes compétents saisiront d'emblée, et que l'expérience développera.

La rive gauche me paraît plus convenable que la droite pour l'établissement de ce bassin, parce que le golfe de Foz et le port de Boue seront mieux préservés des alluvions qui seront chassées dans le Sud et le Sud-Ouest. La partie des limons entrant dans le bassin diminuera d'autant la masse jetée aujourd'hui dans la mer.

Je prie le lecteur en général , et l'ingénieur maritime en particulier , de croire que je n'indique ce moyen d'écluse de chasse que comme une idée qui peut être mise à profit quelque autre part. Un fleuve tel que le Rhône n'a pas besoin d'un pareil secours : son courant, rendu plus énergique par le resserrement de son lit, suffira pour maintenir sa passe libre. D'après les exemples cités page 40, no 19, et la treizième observation, page 42, le résultat ne peut être douteux. Par les basses eaux, à la suite d'une tempête du Sud , si le refoulement de la mer avait relevé la barre , quelle difficulté y aurait-il donc à faire agir une drague armée de grappins au lieu d'augets pour agiter la matière qui serait alors entraînée facilement par le courant ? Notons que cette ressource de pouvoir draguer la passe , manque au plus -grand nombre des ports à marée.

Je ne dois pas négliger de faire observer qu'il serait à souhaiter qu'on s'occupât de l'amélioration du fleuve entre Arles et la tour Saint-Louis , en même temps qu'on travaillerait à l'endiguement. Il est évident qu'aussitôt qu'on aura donné à cette partie une profondeur de 4 mètres, on aura assuré l'arrivée à Arles de navires à voiles ou à vapeur de 200 à 300 tonnes, qui imprimerait une grande activité aux affaires dans cette ville et à la navigation jusqu'au delà de Lyon. J'insiste sur ce point, qu'il est juste, raisonnable et économique de faire arriver à Arles tout ce qu'on pourra. Ce sera un acheminement à de plus grandes choses.

Aux personnes qui ne manqueront pas de se récrier contre les dépenses de ce projet, je me bornerai à citer *Cherbourg* et *Marseille*. Si l'objection venait des promoteurs du canal Saint-Louis , je leur répondrais que nulle comparaison n'est possible entre les deux solutions, sous le triple rapport des dépenses , de l'incertitude du succès et de l'importance des résultats.

A Saint-Louis tout est à créer : la terre même manque. C'est un marais inhabitable. Si le canal ne réussit pas, tout est perdu.

Arles, au contraire, est un séjour des plus agréables ; elle est pourvue de tout. Elle a son embarcadère sur le chemin de fer de Lyon à Marseille. Les marchandises arrivées là font une économie de 40 kilomètres sur celles débarquées à Saint-Louis : car, d'où qu'il vienne, un navire ne fera pas payer un centime de plus pour Arles que pour Saint-Louis. Si, par impossible, l'amélioration de la barre ne se réalisait pas, l'endiguement du Rhône n'en serait pas moins un travail utile pour le petit cabotage, et le colmatage des marais à gauche et à droite du fleuve.

A propos de l'objection des dépenses qui a été faite déjà contre mon projet, je vais pour l'édification des opposants présenter le tableau des sommes votées en 1846 pour l'amélioration de la navigation intérieure ; ils reconnaîtront combien leurs appréciations sont peu fondées.

Extrait du Bulletin des Lois. Fo 389.

Neuilly, 31 mai 1846.

Les sommes ci-après sont affectées à l'amélioration de la

Seine, de Nogent au Hâvre.	26,800,000 f.
De l'Yonne, entre Auxerre et Montereau.	6,500,000
De la Mayenne, entre Laval et Angers.	7,000,000
De la Sarthe, entre Angers et le Mans.	3,000,000
De la Neste.	6,000,000
De la Garonne, entre St-Martory et Toulouse.	12,000,000
De la canalisation du Gers.	3,400,000
De la Baïse.	4,600,000
De la Vire à Saint-Lô.	2,600,000
Construction de quais sur la Garonne.	1,300,000
De l'Adour, de la mer à Bayonne.	1,200,000
	74,400,000
Du Rhône.	600,000
	75,000,000 f.

Six cent mille francs pour le Rhône !!! Ce chiffre n'est-il pas très éloquent?

De ce tableau, je conclus que la quotité des sommes à dépenser pour la complète amélioration du Rhône ne peut être invoquée contre des travaux dont les résultats économiques et politiques ne peuvent être comparés pour la France qu'à ceux de sa plus importante voie ferrée.

CONCLUSION.

De toutes les citations, observations et démonstrations qui précèdent, il doit résulter, pour tout lecteur de bonne foi, la preuve certaine que la passe du Rhône peut être améliorée de manière à donner satisfaction aux plus larges exigences de la navigation maritime et fluviale.

Si le projet réussit, que Arles ne puisse suffire à la prospérité assurée au port du Bas-Rhône, ou que les gros navires ne puissent remonter jusque-là, des barraques, des hangars et des chantiers ne tarderont pas à être construits sur les deux rives du fleuve, aux endroits les plus propices pour le chargement et le déchargement des marchandises, leur emmagasinage provisoire, ou leur transbordement alternatif des navires de la mer sur les bateaux du Rhône ou de ceux-ci sur les premiers. Ainsi prendront naissance sans effort et sans trouble pour les positions acquises, le port et la ville Saint-Louis. Ainsi sera sauvée et rendue à jamais florissante la navigation fluviale, cause de ces longs débats; et ce, nonobstant le maintien des tarifs différentiels et les droits prélevés par le fisc.

MORALE.

Ce magnifique résultat étant obtenu, la batellerie étant complètement revenue sur l'eau, j'adresse à tous les propriétaires de bateaux à vapeur du Rhône et de la Saône, compagnies géné-

rales, particulières, anonymes et autres, la prière de ne jamais
oublier dans leur nouvelle prospérité la rude épreuve à laquelle
ils sont soumis depuis cinq ans; et, lorsqu'une fatale disette vien-
dra mettre en danger l'existence des populations des villes et des
campagnes, de ne pas spéculer sur d'aussi tristes circonstances
pour doubler, tripler et quadrupler le prix des transports du blé.
Qu'ils veuillent bien se souvenir que s'ils eussent moins profité
ou abusé des nécessités de cette malheureuse époque, le commerce se fût peut-être moins pressé de déserter leurs barques.

Pour faire d'une prière deux convertis, j'engagerai très-humblement les hautes et puissantes compagnies de chemins de
fer à mettre la leçon à profit.